数字战略视角下
酒店综合管理能力提升研究

徐岸峰 / 著

中国商业出版社

图书在版编目（CIP）数据

数字战略视角下酒店综合管理能力提升研究 / 徐岸峰著. -- 北京 : 中国商业出版社，2023.12
ISBN 978-7-5208-2748-5

Ⅰ. ①数… Ⅱ. ①徐… Ⅲ. ①数字技术－应用－饭店－经营管理－研究 Ⅳ. ① F719.2 － 39

中国国家版本馆 CIP 数据核字（2023）第 231688 号

责任编辑：吴 倩

中国商业出版社出版发行
（www.zgsycb.com 100053 北京广安门内报国寺 1 号）
总编室：010-63180647 编辑室：010-83128926
发行部：010-83120835/8286
新华书店经销
北京七彩京通数码快印有限公司印刷
*
787 毫米 ×1092 毫米 16 开 8 印张 160 千字
2023 年 12 月第 1 版 2023 年 12 月第 1 次印刷
定价：50.00 元
* * * *
（如有印装质量问题可更换）

前　言

随着我国经济社会的不断发展，消费者休闲娱乐需求大幅增长，国内旅游业特别是酒店行业持续呈现出明显、向上发展的走势。酒店是旅游业的核心组成部分。酒店业必须从战略高度构建自身综合优势，注重产品的升级，有效提高从业人员的综合素质，打造更为优质的产品，以此来更好地迎接国际同行的挑战。

本书对数字战略视角下酒店综合管理能力提升进行了一系列的研究，旨在通过多方位分析寻找酒店综合管理能力的提升策略。本书共分为七章。第一章主要介绍了酒店管理的相关理论，包括酒店管理模式、酒店管理信息系统、酒店管理与电子商务、数字经济下的酒店管理成效等内容。第二章介绍了数字经济的时代背景，包括数字经济概述、数字技术和数字组织、数字经济的重构作用、产业数字化、数字经济治理等内容。第三章分析了数字战略视角下的战略管理，包括战略管理流派和战略管理过程等内容。第四章分析了数字战略视角下的酒店管理，包括数字战略视角下酒店管理的数字化创新、数字战略视角下酒店管理的发展成效、数字战略视角下酒店管理面临的问题等内容。第五章分析了数字战略视角下的酒店服务质量管理能力的提升，包括酒店服务质量概述、酒店服务质量管理理论与分析方法、数字战略视角下酒店服务质量提升方向等内容。第六章分析了数字战略视角下的酒店人力资源管理能力的提升，包括酒店人力资源管理概述、酒店人力资源管理的内容、数字战略视角下酒店人力资源管理发展方向等内容。第七章分析了数字战略视角下的酒店营销策略管理能力的提升，包括酒店营销概述、酒店营销与大数据营销、数字战略视角下酒店营销策略管理能力提升建议等内容。第八章分析了数字战略视角下酒店综合管理能力提升的优化策略，包括酒店内控措施强化与财务管理提升策略。酒店管理融合创新与大数据运用策略等内容。

著　者

目　　录

第一章　酒店管理概述

第一节　酒店管理

一、酒店管理的内涵与层次

（一）酒店管理的内涵

基于学科角度而言，酒店管理属于管理学范畴，是基于管理学理论基础，为适应酒店业务变化而灵活使用管理方法来优化酒店管理实践工作，以逐步形成系统化的酒店管理实践。酒店管理实践内容涉及多个方面，如前厅管理、客房管理和餐饮管理等。其中，前厅管理的重要性是毋庸置疑的，因为消费者在酒店入住时，或者是消费结算准备离开时，都是在接触前厅，前厅管理效果在很大程度上影响消费者对酒店服务的认可度和青睐度。为此，在酒店管理实践中，管理人员要对前厅管理引起重视，以积累更多的忠实客源，为酒店高质量运营夯实基础。客房是酒店存在的基础，管理人员应多举措提高客房管理水平，确保消费者在酒店入住期间可以享受到优质的服务，以增加消费者对酒店的认可度。餐饮管理作为酒店管理的核心部分，涉及的内容相对广泛，且具有生产过程短、业务内容复杂等显著特征。

（二）酒店管理的层次

从层次分析，酒店管理通常呈现为“金字塔”形，自塔底至塔顶，由宽至窄。在管理幅度方面，越往上层，管理幅度越大；越往下层，管理幅度越小。从我国来看，酒店管理以直线职能制管理最为常见。基于此管理体系，每一层级工作人员均须对自身业务范围、工作职责加以明确，并掌握自身岗位必备的一些工作技能及知识。自下而上层次分别为服务员操作层、督导层、部门经营管理层、总经理决策层。

1. 服务员操作层

对于此层次人员来说，为提高服务质量，需注重自身文明礼仪、礼貌、个人形象的把控，具备语言交际能力及应变能力等，掌握服务客人的基本技能技巧，确保自身能够完全胜任服务岗位工作。

2. 督导层

督导层的主管及领班，需对本班组服务员的服务工作进行监督，随时检查，判断是否与酒店的服务质量标准相符。督导层主管及领班需具备带班服务能力，并做好现场服务组织、指挥工作。此外，主管需对部门经理负责，领班需对主管负责。

3. 部门经营管理层

部门经营管理层需做好本部门人员的工作分工、领导、指挥及监督工作，并制订本部门的工作计划，及时向上级部门汇报，明确本部门经营方针及服务标准，确保经济效益实现最大化。此外，部门经理需对总经理负责。

4. 总经理决策层

总经理决策层需制定酒店的经营方针，明确酒店的客源市场及发展目标，协调好各部门、各岗位的工作，通过统一管理，有效保障酒店正常运行。此外，总经理决策层须具备沟通协调、时间管理、授予下属职权等工作能力，确保酒店各项业务及服务工作能够正常、稳定性地运行。

二、酒店管理的特点

酒店行业的发展与新型技术的进步有着非常密切的关系。当前酒店管理表现出两个方面的特点。

（一）内部精细化，职责明确化

酒店在开展内部管理的过程中，针对不同部门的工作职责以及不同岗位的员工，进行了明确清晰的责任划分，让每一个部门的每一位员工都能够清楚了解自己的工作职责和工作内容。合理分工背后体现的是精细化管理制度。在服务行业，服务水平的提升才是赢得市场份额的关键。酒店要想提升自身的服务水平，关键在于提升管理水平。只有科学的管理才能打造优质的服务，才能让酒店在服务行业继续发挥更大的优势。

（二）品牌化经营

大部分的酒店管理人员在开展管理工作过程中，倾向于品牌建设和发展。越来越多的酒店意识到，品牌可以给自己带来更多的经济效益和社会效益；特色品牌可以提升酒店的社会知名度，还能展现酒店企业自身文化内涵，吸引更多的客户前来消费。酒店管理服务品牌化经营背后体现着酒店文化。树立良好的品牌形象，可以帮助酒店在激烈的市场竞争中形成良好的品牌效应，助推企业提升自身核心竞争力，赢得更多的市场优势。

三、酒店管理的基本方式

人是酒店行业的主要服务对象。在提供服务的过程中，酒店行业会提供较多的无形产品，这需要酒店管理人员和服务人员具备较高的综合素质，为客户提供较高水平的服务。此外，酒店行业的内外部环境变化较快，这要求酒店管理人员必须不断探索酒店管理方式，同时加强创新，以满足竞争激烈的市场需求。

（一）标准化与个性化相结合

酒店行业本身的服务工作具有较强的灵活性，因此，为了保证产品和服务质量，酒店行业应重视对本行业标准化管理方式的研究，从根本上提高管理效率和质量，避免出现管理失控。但是酒店行业在为客户提供服务的过程中，需要提供一定的无形产品，并重视服务管理的个性化。标准化管理主要是为了规范酒店的管理方式，设立统一标准，以日常考核和奖惩制度为基础，提高员工的工作积极性，保证产品质量，为客户提供更高质量的服务。但在其他方面，酒店还需要强调个性化服务的重要性，将个性化与标准化相结合，满足客户的需求。

（二）情境管理方式

情境管理方式最早出现在美国，由美国组织行为学家赫赛提出。在他看来，企业员工本身是企业中的被管理者，若工作时间不同、任务不同，工作状态则不同。员工的工作状态将会直接影响管理者的管理效率与质量，而员工的能力、意愿将会决定员工的状态。在酒店行业中，为消费者提供的服务大多为无形产品，客户需要接受员工的相关服务行为，进而完成整个消费过程。在该过程中，员工工作状态将直接影响客户的消费质量。因此，酒店需要发挥情境管理方式的作用，引导员工树立正确的工作态度，不断提高服务质量。情境管理方式可以将员工分为以下四种类型：第一种类型，员工没有良好的服务意愿，也没有足够的服务能力；第二种类型，员工有良好的服务意愿，但是没有足够的能力；第三种类型，员工拥有足够的服务能力，但是没有良好的服务意愿；第四种类型，员工既有良好的服务意愿，也有良好的服务能力。面对这四种不同类型的员工，管理人员应以自身的工作状态为基础，选择不同的管理方式，常见的有引导、教练、参与、授权。

（三）全面质量管理方式

全面质量管理方式主要是指酒店在运营过程中需要全方位引导、全员参与管理活动并制定完善的管理目标和管理要求，为提升酒店产品质量奠定坚实的基础。这种管理方式主要以质量管理为核心内容，能全面控制产品质量。对于酒店行业而言，每一位客户在入住时会经过门童、前台、行李员、迎宾、餐饮服务、楼层服务、结账及电话总机等多个环节，酒店需要保证每一个环节的服务质量都能满足客户的实际需求，进而提高酒店的管理质量。总之，全面质量管理方式极其重要，利用该管理方式时，一方面，酒店需要自上而下统一管理观念，使每个环节的工作人员都能形成明确的认知；另一方面，酒店需要邀请专业人士参与制定酒店管理方式，同时反复培训工作人员，采用严格的考核方式提高员工的工作能力，保证该方式实施过程中的科学性与合理性。

（四）授权管理方式

一般情况下，酒店行业会为客户提供面对面的服务，而客户在接受服务过程中，要求服务内容必须满足灵活、快捷、方便三个方面的要求。对此，酒店可以增强基层服务人员的工作职权，使他们在为客户服务的过程中能够满足客户的实际需求，提高客户对酒店行业服务的满意程度。

第二节　酒店管理模式

一、常见的酒店管理模式

从业主的视角，酒店的经营管理模式可分为独立经营、合作经营和委托经营三种。从酒店经营管理公司的视角，可以分为特许经营、合作经营和委托经营三大类。

（一）独立经营模式

一般来说，如果酒店项目规模较小，星级较低，业主有足够的酒店经营管理经验和能力或者找到合适的酒店管理团队，业主会倾向于选择独立经营酒店。

独立经营，业主既是酒店的资产拥有者，又是酒店的管理者。独立经营是指业主对酒店管理拥有绝对支配权，不需要承担委托外部专业酒店管理公司应付的管理费用。业主可以根据自己的意愿设计酒店内部装修配置、确定酒店开业日期、确定人员配备、制订营销计划（但如果涉及特许经营，则应符合特许品牌的要求）。然而，尽管业主拥有独立决策权，但除非业主选择使用知名酒店品牌的特许经营权，否则独立经营的酒店将在宣传、推广和营销渠道上投入更多的运营费用。同时，他们将无法享受专业酒店管理公司积累的集中服务优势和大量会员酒店形成的集中采购优势。

当业主选择独立运营时，如果酒店有星级预期，则需要在酒店建设阶段根据星级要求确定酒店的硬件组装，如建筑外观和建筑结构是否具有相应星级酒店的独特品质，是否使用相应星级酒店所需的材料进行内外装修，各类说明和服务文字是否用中英文表达（根据星级要求不同），引导系统和公共信息图形符号的设置是否符合 GB/t15566.8 和 GB/t10001.1，GB/t10001.2，GB/T1000104.4，GB/T100010.9 等的要求。在酒店开业准备阶段，业主还需要面对如何编制开业准备计划，如何编制酒店运营所需的酒店原材料采购计划和商业工具采购计划，如何编制酒店开业前的业务预算，如何建立酒店的分销和预订渠道，如何制定菜单和标准食谱，如何制定酒店的全面规章制度，以及酒店开业的一系列准备工作。如果没有酒店管理经验，面对如此复杂的技术标准和管理细节，业主对酒店的独立运营可能会遇到很多困难。

在独立经营模式下，虽然业主与酒店管理公司之间没有运营协议，但业主往往通过外部顾问在多个方面获得酒店管理专业机构的支持。

（二）委托经营模式

委托经营是业主完全授权酒店管理公司全面运营和管理酒店。业主仅在年度预算、固定资产置换成本计划等具体事项上有一定的决策权，不干预其他方面。

通常，酒店管理公司不仅输出管理，还输出品牌。酒店管理公司以符合品牌服务要求的管理方式管理符合品牌设计和建设要求的酒店，确保相应的品牌成员酒店符合其品牌特征。如果酒店管理公司只输出品牌而不输出管理，则为下文所述的特许经营模式。

1. 委托经营模式下酒店筹建阶段的主要工作

酒店管理公司预计从酒店设计和施工阶段介入酒店项目并提供服务，在前期建设阶段的硬件方面提供有效的指导，并根据相应的星级评定标准和相关酒店品牌的设计建设标准，提供有针对性的建议，严格控制室内设计和施工计划的不同阶段。对于酒店筹备阶段提供的相应服务，酒店管理公司通常会收取技术咨询服务费。

2. 委托运营模式下开业准备阶段的主要工作

从酒店基本完工到酒店正式开业（可分为试运营和全面开业），酒店管理公司将为酒店的开业准备提供相应的服务。如上所述，酒店开业涉及很多内容，如开业前的经营预算编制、酒店经营物资的采购、酒店营销渠道的建立、酒店高管的选拔和聘用、其他岗位人员的确定和招聘等，制定酒店经营管理所需的各项规章制度，酒店管理公司还需要协助业主申请和取得经营酒店所需的营业执照和各种执照。酒店管理公司通常会对开业准备阶段提供的相应服务收取开业准备服务费。

3. 委托经营模式下酒店运营阶段的主要工作

酒店正式开业后，酒店将成为酒店管理公司旗下酒店集团的成员。一般情况下，酒店将接入酒店集团的集中直销和分销网络，加入酒店集团的成员体系，统一与在线旅行社（Online Travel Agency，OTA）签订销售协议（如 Expedia、携程、艺龙等），参与酒店集团的统一营销活动，参与酒店集团的统一培训。在酒店运营阶段，酒店管理公司通常会根据营业收入、营业利润等数据收取基本服务费、绩效服务费、品牌授权费等相关费用，业主应承担其他必要费用（如预订系统费、会员策划费等）。

（三）合作经营模式

顾名思义，合作经营介于独立经营与委托经营之间，是业主与酒店管理公司通过分工合作共同参与酒店日常运营的管理模式。一些业主之所以选择合作经营，是因为他们希望通过分工协作学习酒店专业管理知识，了解酒店运营的流程和关键环节，为将来独立运营做好准备。另一些业主选择合作经营，往往是因为高星级酒店建设需要巨大投资，业主短期内无法与酒店管理公司建立完全信任关系，业主希望在酒店运营过程中直接控制收入和支出。无论选择合作经营的原因是什么，由于业主作为资产持有人和管理合伙人的双重角色定位，酒店管理公司和业主在合作经营过程中更可能存在业务差异，其结果往往是具有双重身份的业主更占主导地位。所以除非酒店管理公司考虑到其他特殊的商业原因，否则不愿意接受这种管理模式。

（四）特许经营模式

作为相关酒店品牌的权利人，除了委托管理外，酒店管理公司与业主之间的另一种常见商业模式是特许经营模式，即通常所说的“商业连锁”。

在特许经营模式下，酒店管理公司的相关酒店品牌形成了独特的标准和操作手册，得到了公众的认可。业主承诺按照品牌标准和操作手册运营、管理和运营酒店，并接受特许人（即酒店管理公司）的监督，以获得特许经营权，成为酒店管理公司的成员酒店。特许人的标准和操作手册，以及特许人对酒店服务质量和运营标准的审计和评估文件，构成特许经营模式下的主要监管依据。

在特许经营模式下，业主可选择独立经营或选择特许人认可的第三方酒店管理公司运营；特许人应通过品牌审核、质量控制等系统监督酒店的软硬件是否符合品牌标准。业主应根据客房数量、客房收入和餐饮收入的计算比例向特许人支付费用，并承担其他必要的费用（如客房预订系统费用、会员计划费用等）。

酒店商业模式没有好坏之分，只有是否适合该酒店运营的区别。对于不同星级、不同发展阶段、不同业主背景、不同发展定位的酒店，无论是选择独立经营、委托经营、合作经营还是特许经营，或者在不同模式之间进行整合和改进后选择升级版，最合适的模式是能使酒店的经营效益最大化。

二、酒店管理模式的创新趋势

酒店管理者应主要从加强品牌建设、加强对外营销、持续健全质量控制管理三个角度，创新酒店管理模式。

（一）加强品牌建设

品牌已成为酒店管理的核心内容之一，是酒店对消费者的承诺的具体体现。酒店经营者销售自己的产品，实际上就是在销售自己的承诺，将酒店的服务以品牌的形式销售给消费者，消费者在享受了良好的酒店服务后，即使到其他城市旅行，也会优先选择该品牌的酒店。这种品牌建设，是企业文化建设的关键所在，这对连锁酒店的发展而言，尤其具有重要的意义，能够让酒店形成大规模的企业文化，提升其对消费者的吸引力。

（二）加强对外营销

当前，随着经济全球化不断深入，酒店品牌文化的国际化特征更加明显。我国酒店行业与国际酒店行业的合作也在不断深化，引进了大量国外酒店在酒店管理方面的优秀经验，这对促进我国酒店行业的发展而言，具有重要的意义。我国酒店的管理者应进一步提升对对外营销的重视，从管理的方向入手，推动酒店在对外营销上发展壮大，促进酒店的持续发展。

（三）持续健全质量控制管理

在新时代下，对酒店的质量控制管理应进一步精细化。酒店的高层管理者可参考欧美国家的酒店管理模式，对各个管理层的责任作出细致的划分。酒店管理者应及时统计消费者对酒店服务的反馈，明确消费者对酒店的意见和建议，将其作为进一步完善酒店服务的依据，构建出细致的酒店核心任务，形成具有足够竞争力的管理体系，促进酒店的进一步发展。

三、酒店管理模式创新的重要性

任何事物要得到良好的发展，都需要通过大量的创新来实现。酒店在长时间的发展历程中，也是通过大量的创新与发展才创造出今天的成就。酒店产业的发展与社会发展有着十分密切的联系。现阶段酒店产业应当加强自身的创新，构建满足现代社会发展的管理方式，逐步转变以往的思维理念，用现代化的标准分析酒店。

酒店管理行业在 21 世纪成为全球十大热门行业之一。近年来，在国际人才市场上，酒店管理人才出现了供不应求的局面。随着 2008 年北京奥运会的成功举办，以及 2010 年的上海世博会、2023 年的第 31 届世界大学生夏季运动会和越来越多的国际大型活动在中国举行，中国对旅游、酒店管理专业人才的需求也日益增大。

（一）社会环境

第一，酒店管理作为一种新型行业。随着全球经济的快速发展，在全球与中国地区的发展速度与就业率将远远超出传统型行业。因此，新型行业必然要走一条没有走过的路，需要加强创新。

第二，酒店管理行业作为高端的服务业，收入将超过一些传统行业，社会地位也在不断提高，而与之相匹配的就是创新的需要，只有实现创新才能够在愈演愈烈的社会竞争中得到不断提升。

第三，随着旅游业的快速发展，每年都有大量的游客在节假日出行，这必然对于酒店管理提出更高的要求，如容量需要加大、服务对象需要匹配等问题，需要以创新为手段满足游客的需求。

第四，旅游业作为经济发展的重要力量，是国内外各级政府都极力支持的重要发展方向，而酒店管理作为实现旅游业不断增长的重要保障，必然要发挥重要力量，在酒店管理的创新中实现旅游业的整体创新。

（二）酒店发展

第一，酒店管理模式创新可以让酒店人员保持高度协调。酒店的服务宗旨本身就是对客户的需求进行满足，但是客户是发展的个体，因此其需求也是在不断变化的。为了给客户提高更加优质的服务，一定要创新酒店管理体系，使酒店服务人员能够高度协调。

第二，酒店管理模式创新有利于对外营销。当前游客消费是酒店收入的主要来源。游客出门旅游的目的是放松自我，获得良好的旅游体验。酒店在创新服务时，可以加大景点信息的整理力度，给游客提供大量准确的信息，并及时更新，从而提升游客的体验。

第三，酒店管理模式创新有利于提高客户忠诚度。酒店在管理创新的过程中可以加大对酒店生态环境的改善，重视酒店的文化氛围对于客户忠诚度的提高有着重要的帮助。如在北京的汉庭酒店中，几乎每一间客房都有很多书籍，客户在接受文化熏陶的过程中也提高了对该酒店的忠诚度。

第四，对外营销与内部管理需要融合创新。对消费者需求的满足是酒店服务成果的最佳体现，但不同的消费者往往有着不同的消费需求。因此，酒店的服务应从多角度做出创新，尽可能地满足消费者的不同需求，这种创新需要依赖酒店的硬件设施配备来实现，这就为酒店创新其管理模式提出了一定的要求。此外，良好的对外营销手段，能够让酒店更好地将服务带给客户，而创新酒店的管理模式，能够让酒店更加准确地将信息提供给消费者，有利于提升消费者对酒店品牌的认可程度。由此可见，从对外营销与内部管理的角度对酒店的管理模式进行创新，有助于提升消费者在酒店中的消费体验，促进酒店的进一步发展。

第三节　酒店管理信息系统

一、酒店管理信息系统的作用

（一）提升酒店经济效益

通过运用现代化信息技术，酒店内部管理系统会更加完善。酒店信息管理系统不仅能够大大降低酒店的运营成本、提高酒店的管理效率，而且能够提高酒店经济效益。应用现代信息技术，管理者能够随时了解酒店的经营状况，加强各个部门之间的合作，从而减少酒店的运营成本投入和人力资源管理成本投入。虽然前期酒店信息化管理建设需要耗费大量的资金，但从长远角度来看，信息化技术能够为酒店发展降低人力和物力成本。

（二）增强酒店的核心竞争力

随着信息时代的到来，互联网技术得到了全面的发展，这在很大程度上拓宽了酒店的营销渠道。如何借用互联网信息平台开展酒店网络营销，并提供更有特色的服务，不断优化酒店管理的流程，成为酒店行业竞争的主要内容。作为信息密集的旅游行业配套产业，酒店在经营中融入信息化技术能够更好地满足时代发展的需求。在酒店行业从传统走向现代化的过程中，信息化能更好地增强酒店的核心竞争力，保障酒店行业良好发展。

（三）使酒店能更好地适应时代发展趋势

随着旅游业蓬勃发展，酒店客流量逐年增加。面对庞大的客流量，如何提供高质量的服务成为当前酒店行业所要思考的问题。在信息化时代背景下，酒店能运用互联网技术为消费者构建互动和沟通的平台，给消费者提供更多的选择，满足消费者的个性化需求。同时，互联网技术能为酒店的发展和转型提供新的思路，大大节省了酒店发展的人力以及物力的投入，提升酒店现代信息化管理水平，更好地顺应时代发展的潮流。

二、酒店管理信息系统的发展历史与体系结构变化

（一）酒店管理信息系统的发展历史

我国酒店管理信息系统的发展历史，与管理技术的发展有着密切关系，其是管理信息系统技术体系中一个重要的构成部分，是结合酒店管理工作的实际应用需求所形成的技术体系。美国的希尔顿酒店在1963年率先使用了信息化的管理系统，该酒店为实现酒店客房的自动化管控安设了IBM小型计算机，这一行动预示着信息技术已经渗透于酒店领域。截至20世纪80年代，国外已经开发出HIS、CLS、EECO等酒店管理信息系统，意味着酒店信息系统的理念与信息化的管理模式已经基本定型，且发展正在走向成熟。20世纪90年代，酒店管理信息系统真正意义上融入了酒店管理体系。这也预示着酒店管理方式与观念、思维的改变。而在20世纪80年代初，国内酒店企业才开始引进和开发酒店管理信息系统。最早的研究工作，由多所大学相关科系以及研究所等共同开展。20世纪80年代中后期，我国酒店信息化管理技术的渗透更加深入，技术体系也越发完善。国内系统在吸取国外系统开发与应用经验的基础上，结合国内酒店的实际管理需求进行优化改进，以满足国内酒店的管理需求。20世纪90年代初，酒店管理领域逐步形成了更加成熟的技术体系，同时许多专门的技术研发企业应运而生。

目前，国内酒店自行开发、委托开发、联合开发的软件都存在着起点低、漏洞多、风险大、专业性不足等问题。因此，酒店选择成熟的信息系统来进行管理是最方便、快捷的

方式。许多先进的国内酒店都会借鉴国外的经验，使用一些行业领先的知名软件品牌。其中，MICROSFidelio公司的酒店管理软件是当前国内外资或外方管理的酒店中使用最广泛的软件。该软件具有良好的安全性能，适用于人员流动频繁的酒店，可以避免许多系统应用方面的风险。除了国外的软件，我国也自主开发了许多酒店信息管理方面的软件，从20世纪90年代开始，这些国产软件已经进入了酒店经营领域。然而，与国外软件相比，国产软件的主要用户还存在差距。目前国内主要有杭州西湖软件、北京华仪、北京泰能、北京中软、广州万讯等软件厂商开发的酒店信息管理系统。其中，西湖软件发展最为迅速，成为拥有国内最多用户和高星级用户的厂商。在酒店管理中，信息系统的使用已经成为一个不可阻挡的趋势，未来的酒店管理系统将变成基于信息技术和互联网的集团化酒店管理系统。

（二）酒店管理信息系统体系结构的变化

早期的酒店管理系统，普遍使用单机结构。主要使用一台专门的独立主机、一台显示器以及打印机等相关设备去维持运行。这一阶段，使用管理系统能够实现酒店内部分简单业务的处理，但随着时代的发展，已经逐步被淘汰。集中式的处理结构，在20世纪70年代到80年代末期开始受到广泛关注并得到实际应用。这种结构基于原有结构进行了优化，一般使用多台小型的计算机去支持运行，通过主机与不同终端的关联，达成数据存储、传递等目标。这一结构的信息处理能力强，安全性强，但依然有需要解决的问题。最主要的问题是随着终端接入数量的增加，数据处理的效率会降低，而且终端的数据显示普遍以字符为主要形式，直观性不强，因此最终被Windows系统取代。Windows系统是分布式的结构，使用更加完备的微机系统支持运行，利用网络去连接各个工作站（一般工作站是独立的微机），每个工作站都具备独立处理数据的能力，为满足数据处理的需求，可借助网络联机的方式，在服务器内完成处理。以往基于DOS系统为主的系统基本被淘汰，分布式结构成为当前广泛使用的主要结构。随着网络信息技术的不断进步，分布式结构将不断完善，广域网等技术的融入，使系统得到进一步优化。

三、目前酒店管理信息系统的流行结构

（一）浏览器/服务器（B/S）结构

这一结构，其数据库操作的中间层普遍使用动态服务器网页（ASP）与Web服务器作为支持进行构建，进而构成具有三层Web结构的B/S数据库。在内部网络上，用户为了有效减少软件维护的开销，可以创建独立的Web服务器，并连接数据库服务器。在B/S模式下，只需要维护与开发服务器端应用程序，便可以维持Web服务器的运行。用户界面得到了统一，客户机只需要利用Web浏览器便可完成跨平台的数据传输等工作。随着

我国酒店行业规模的扩大，酒店业务处理的效率与精准度要求也更高。而随着我国第二代含有芯片的身份证不断推广并普及，住户的身份信息已经可以被自动扫描与读取，这将使酒店的入住以及其他需要识别身份的业务办理更加便利。但是要实现对于芯片信息的识别与读取，并且提升其他服务如订房预约等的便利性，酒店管理信息系统必须从局域网转向互联网，确保信息的处理更快，同时方便顾客的在线业务处理，以保证顾客可以借助网络完成酒店信息的浏览、信息咨询、入住登记等操作。

（二）客户机/服务器（C/S）结构

在这一系统中，客户机主要负责数据的处理、用户接口管理等前台功能的支持，而服务器则主要负责管理共享数据库、共享外设等后台任务。这一结构将整个管理体系划分为两大部分，并且由多台计算机负责执行，确保软、硬件得到合理应用。随着系统规模的不断拓展，应用程序的不断升级，传统 C/S 模式在实际应用过程中出现了诸多问题。随着用户诉求的不断变化，C 端的用户界面优化以及应用软件升级是十分必要的，这也使系统维护的难度变得更高。除此之外，C/S 模式无法实现跨平台运行，因此在广域网环境下便会暴露出兼容性不足的问题。

四、酒店管理信息系统的发展趋势

（一）集团化

随着行业竞争的不断加剧，发展需求的不断变化，集团化的经营策略是我国酒店业发展的必经之路。当今已经有锦江国际、希尔顿酒店、万豪酒店、维也纳酒店等国内外知名酒店的集团化经营案例。这意味着如今我国酒店业的竞争将从价格竞争转向营销规模与模式等方面的竞争，网络技术的支持不可或缺。酒店的集团化管理，不单指酒店数据以及功能等的整合，也是酒店资源的整合。集团总部可借助网络去实现对不同酒店信息的调取、管理等。要通过信息的共享，及时了解各个酒店的经营情况，除此之外，酒店的服务信息也要互通。我国集团化酒店信息管理系统数据库结构的构成，当前主要包含两种方式。其一是分布式数据库的方式，数据库由集团中央与成员酒店数据库共同构成，数据存储以及计算采取分布方式。集团总部与各个旗下酒店分别对业务与运算进行管理，在提升管理效率的同时，也降低了经营风险，避免管理工作过度受到网络设施影响，能够保证系统的安全性。其二是中央集中的方式，基于中央数据库运行，总部主机负责收集、整理、处理自身以及所有旗下酒店的数据，由总部统一管控，能够确保酒店管理数据的完整性，有利于保证管理责任的明确。这种模式往往更适用于单一投资主体的集团。

（二）专业化

经济社会的不断发展，使酒店市场的管理与发展需求越发呈现出针对性、多元化趋势，更多的酒店开始重视个性化产品与服务的开发。越来越多的酒店类型应运而生。结合不同的主题与需求，酒店集团着手开发商务酒店、经济型酒店、度假村以及不同类型的主题酒店，这些酒店各自有不同的市场定位。确定酒店的经营与管理方向，有利于体现出酒店的专业化与个性化特色，是酒店在越发复杂的行业环境中的竞争力所在。而酒店的个性化经营管理，离不开信息技术的应用。酒店经营管理方针的定位，需要以对市场发展趋势以及客户群体喜好等的详细分析为基础，这就需要依靠信息技术去达到目标。客户在外出时，选择酒店的衡量标准是多方面的，包括酒店环境、酒店服务、餐饮、所处位置、酒店文化等。而酒店管理信息系统有利于酒店对于客户信息的分析以及对于客户喜好、需求的掌握。为了体现出信息管理系统的分析能力，应当将人工智能技术与信息技术相融合，体现出管理系统的学习能力，要通过对客户流量高低峰期、服务评分等信息的分析，得出更加合理的运营管理方案，为客户提供人性化、针对性的服务。

（三）集成化

集成化是酒店管理技术发展的必然走向。酒店客流量的增加，服务需求的多元化趋势，简单的信息化管理系统构架已经不能满足实际的业务处理需求。例如酒店内水、电、空调、网络等系统的控制，以及登记入住、购物、咨询等服务，如果区分开来，会导致管理过程中的人力、物力、资金消耗大幅提升。尤其是高星级的酒店，对于管理系统功能的要求更加复杂，所需要的系统功能更多。这些系统通过集成和互联才能更好地发挥作用，体现效果。为了达成智能化、高效化控制的目标，要实现多个系统、多种功能的集成与互联。为了实现这一目标，协议和标准是必要的。例如在客户进店登记入住期间，前台系统需要通过通信接口对客房系统发出指令，更改客房占用状态。客房的空调、照明等系统，也要利用管理系统进行智能化控制，要实现在客房处于闲置状态时自动调整为低能耗模式或是切断电源的状态。在客户入住前，也可事先开启部分功能开关，做好客房的预处理，包括在高温或是寒冷气候下客房空调的预先开启，达成事先调整室温的目标。除此之外，在系统优化的过程中，必须首先树立顾客人身安全第一的原则。酒店的收付款系统、门锁、消防系统等，都要通过特定协议关联 24 小时运行的前台系统，对客房温度、湿度、烟雾、门禁等信息实时监管。客户出入，必须确保有时间记录，公共区域必须有无死角的视频监控。就现状来看，当前我国酒店管理信息化系统，除集成的电话交换机以外，已经实现了视频点播、门锁系统等系统的普及。除此之外，当前国内诸多酒店的管理系统已经能够实现与当地公安部门、银行等单位的系统关联，实现了数据库系统的集成，未来将不断完善系统集成体系，囊括更多平台与功能。

（四）标准化

酒店管理的能力，代表着酒店的实力，随着我国酒店行业市场竞争的不断加剧，顾客对酒店管理的要求不断提升，各个酒店对管理体系的标准化、制度化也越发重视，包括酒店的目标管理、定额管理、预算管理等，都要有科学、完善的规章以及完善的管理系统作为支持，才能体现出正面的约束力，确保管理工作的有序推进。当前的酒店管理信息系统，需要依照酒店的标准化业务规范进行设计，进而实现对酒店的资金、人力、物力等的统筹规划。除此之外，因酒店不同业务所涉及的规则与平台众多，所以需要通过多方协调，形成统一的管理机制与规则，方便对不同的平台、服务、产品等进行整合。如果各方机制得不到协调，一方面会导致管理系统的管理决策产生冲突，引发资源的消耗，另一方面，也会引发更多不可预知的责任风险。因此需要借助系统的升级去不断推进平台、规则等的统一。

第四节　酒店管理与电子商务

一、电子商务在酒店管理中的应用价值

（一）降低管理成本

电子商务能有效地对酒店购买常规物资进行严格把控，同时通过对现代互联网技术的合理运用，能对物资市场价格有一个全面的认识，对酒店运营成本进行有效把控。电子商务在降低酒店宣传成本方面有着明显优势，与以往传统的酒店宣传相比，不再需要大量的媒体广告以及宣传单，从而提升了酒店的知名度。随着信息技术发展水平不断提高，将电子商务运用于酒店日常经营管理中也逐渐成为一种趋势，并取得了良好的经济效益与社会效益。由此可见，在当前时代下，电子商务是一种行之有效的管理手段。通过电子商务的合理运用，能够让酒店自身物力与人力成本有效降低，与此同时，有效提升酒店宣传效果，从而进一步扩大消费群体。

电子商务的出现使酒店大大降低了采购成本，同时通过互联网准确地掌握市场价格，减少企业的运营成本。电子商务还可以降低酒店宣传成本，提升顾客满意度。电子商务可以节省大量的人力、物力以及时间，同时提供丰富的图形与图像数据，给酒店带来新的发展机遇。由于电子商务具有较高的安全性、便捷性以及覆盖面广等特点，因此受到了越来越多人的青睐。在数字经济时代，电子商务在酒店宣传中发挥着重要作用。通过互联网发布酒店产品信息，可以让更多人了解酒店。通过电子商务，酒店能够及时了解客户需求，并将其转化为对酒店产品和服务的购买意愿，从而促进酒店业务的开展，同时也为酒店运营提供了新的宣传渠道，扩大了消费群体。

（二）推动酒店发展

酒店借助电子商务可以全面了解市场消费需求继而把握市场机遇以吸引更多客户。同

时，由于电子商务自身的服务特性，使消费者需求更加多样化、个性化；酒店也可开放自己的网络评价模块，并与消费者评论相结合，深入剖析消费者偏好与心态，及时优化服务流程，以确保酒店的发展能高度适应服务业发展的时代要求，从而促进酒店核心竞争力的提升。

电子商务能有效促进酒店营销管理创新。传统的营销方式已经无法适应激烈竞争的市场环境，电子商务可以有效地解决这些问题，为企业带来更多的利润空间。同时，酒店也可以借助电子商务提高自身的服务水平，以满足消费者对服务质量的要求。

（三）提高服务质量

通过数字技术的运用，可将酒店及服务信息全部汇集在一起，保证顾客可根据个人爱好及需求科学选择以达到个性化服务的目的，顾客可直接使用网络平台订房，并根据个人需要科学选择适合自己的酒店。在当前激烈的竞争环境中，传统酒店需要借助互联网开展营销活动，提升自身竞争力。借助电子商务平台可以对酒店订房模式进行合理优化，继而保证酒店服务便捷快速。

通过互联网可以搜集到全部酒店及服务的资讯，让客户按需、按喜好挑选。客户可在互联网上直接订房，按需挑选适合自己的酒店。通过电子商务平台优化了酒店的预订模式，给客户带来了更加快捷和便利的服务体验。

二、电子商务在酒店管理中的应用层次

从技术基础的角度看，电子商务主要包括基于互联网的商务系统（B2B），以及为实现上述功能而提供软硬件支持的各种应用系统。电子商务在旅游业中的具体运用，包含了“现代信息技术”与“旅游商务活动”这两大部分内容，利用现代信息技术对传统的旅游商务过程进行改造，使其实现旅游商务流程的信息化和电子化。近年来，移动网络、多媒体终端等新技术的不断发展，丰富和拓展了电子商务的形态与应用领域。

在应用层次上，电子商务可以分为三个层面。

一是面向市场的电子商务，其核心是市场活动，它包括推动旅游交易得以实现的多种商业行为（旅游信息在线发布，旅游公关促销，旅游市场调研等）以及实现旅游交易所需要的电子贸易活动（酒店在线洽谈，售前咨询，旅游交易在线进行，旅游支付，旅游售后服务等）。

二是通过网络重组，将酒店的经营管理活动纳入一个统一的平台上进行运作，包括酒店利用电子商务拓展新业务，建立酒店内联网，开发酒店客户管理系统、旅行社业务管理系统、客户关系管理系统、财务管理系统等，实现酒店内部管理信息化。

三是为旅游经济活动提供一个互联网发展平台，制定相关政策和标准，建立统一的运

行规范，成立专门的酒店管理机构，对酒店电子商务活动进行有效监管，营造良好的电子商务发展环境。

这三个方面相互联系、相互作用，共同促进了我国电子商务的快速健康发展，最终实现电子商务的良性循环。电子商务实现了酒店内外部商业活动的无缝衔接，大大提高了酒店的运营效率。

三、酒店应用电子商务的优势

（一）促进各关联产业共同发展

旅游产业关联性非常强，要求交通、邮电、商业、轻工、城建、文化等多个部门协调配合，所以在决策中，除考虑为游客提供餐饮、住宿等有关产品与服务之外，还必须满足各个关联产业的需求。随着网络技术与信息技术的发展，酒店之间通过建立网上电子商务系统来实现信息共享成为可能，电子商务是旅游业信息化的主要途径之一，目前我国电子商务还处于起步阶段。电子商务通过对旅游供应商、旅游中介、旅游者、景区（含旅行社）以及酒店等旅游相关行业的整合，以优势互补为基础，提高资源使用效率。

（二）提供个性化服务

借助互联网技术，游客可自由组团、自由选择线路，游客可通过旅游服务公司自主选择旅游线路、选择交通方式、预订酒店导游等。在网上购买旅游服务时，游客只需输入目的地的名称及相关信息就可得到满意的服务，同时，游客也能对自己所需要的物品进行查询与预订。旅游公司也可通过后台服务器上的专家系统向旅游经验不足的消费者提出建议。

四、酒店管理中运用电子商务存在的不足

（一）管理理念有待转变

电子商务在我国起步较晚，目前我国酒店行业对电子商务认识还有待提高；大部分酒店对电子商务的投入较少，没有建立起完善的信息系统，不能满足消费者日益变化的需求。

酒店管理人员应具备现代管理和服务意识，了解并掌握电子商务相关技术。随着我国酒店设施的不断完善以及人们对酒店参与电子商务意识的增强，酒店行业对电子商务的投资回报率也越来越高，因此将电子商务引入酒店管理中已成为必然趋势。

（二）高水平人才不足

电子商务对人才依赖性较强，要求酒店的管理者要有丰富的管理经验和较强的专业能

力才能胜任。目前很多酒店在进行信息系统建设时只是简单地建立了网站，管理系统不能及时反映酒店的经营状况和经营成本等信息。

（三）缺乏有效的行业监管

目前在我国酒店管理领域中，对电子商务信息的规范还没有形成统一的行业行为准则，这就导致了很多酒店的管理者为了追求利益而不遵守法律规定，甚至不遵守行业行为准则，给酒店的声誉造成严重影响。

目前，我国的行业监管主要以事后管理为主，在处理消费者投诉方面虽取得一定成效，但维权既耗时又要付出经济成本，多数消费者选择了不投诉，致使酒店商家不法行为一再出现。

第五节　数字经济下的酒店管理成效——智慧酒店

一、智慧酒店的概念

（一）智慧酒店

智慧酒店主要指具备较为完善的智能系统，并且利用数字化和网络化技术完成酒店管理和服务信息化的酒店模式。智慧酒店管理模式主要依赖于数字化网络平台系统，开发相关的酒店管理系统，以实现酒店管理的高效化和信息化，是一种全新的酒店管理模式，不仅可以减少酒店管理的资金投入，减少劳动力成本，而且有利于开发客户群体，为客户提供更加优质、个性化的满意服务。

（二）智慧酒店管理

智慧酒店管理的宗旨是在满足客户各项需求的基础上，还要体现出智慧酒店的环境舒适度、灵活性的服务理念。根据客户的信息和需求制订相应的服务方案，客户也可以按照自身的喜好选择房间的位置，提高酒店的服务质量。此外，不同客户的个性化需求存在较大的差异性，所以，智慧酒店在提供服务需求的基础上，还要遵循整体性的建设原则，提高酒店的整体功能。

总之，智慧酒店管理建设主要是把整体性原则和房间的适应性、服务的灵活性进行融合，不断完善和优化酒店的功能、潜在信息等，使智慧酒店具有一定的人文关怀性、实用性以及高端化的风格特点。

二、智慧酒店管理的结构与功能

为了提高智慧酒店管理系统的应用价值，需要利用智慧管理理论来引导智慧酒店管理决策。作为一种全新的管理方法，根据管理职能的不同，可以将智慧管理分为战略计划、信息反馈、智能控制等诸多功能，而智慧酒店管理模式可以划分为动态和静态管理模式，从而体现出对知识管理的改革和更新。静态智慧酒店管理不仅要对智慧资源进行管理，还要完成智慧资源载体的管理任务，而动态智慧酒店管理主要是对知识管理的传承与创新。

（一）智慧酒店管理结构

智慧酒店管理主要有资源层、能力层和职能层，其管理对象为智慧资源信息，以便给企业的战略科学决策提供全面、科学的资源数据。首先是资源层。智慧酒店管理的主要目标是智慧资源，从而为酒店经营企业的管理与决策提供具有影响力的核心资源信息。其次是能力层。智慧酒店管理不但进行资源管理，还进行能力管理，智慧酒店建设的能力主要表现在建设能力及操作能力等方面。其中，建设能力有情感连接力、价值判断力等，建设能力能够有效地保障智慧酒店的组织文化建设工作。操作能力能够为智慧酒店管理提供决策行动支持。为了提高决策的有效性，智慧酒店还需要具备一定的配置能力、组织能力以及价值转化能力等。最后是职能层。智慧酒店的管理不能只关注资源、能力的静态管理，还要注重可执行的、把抽象活动进行实际操作的职能。动态智慧酒店不仅要对知识管理进行传承，还要完成知识管理的创新工作。

动态管理模式的智慧酒店可以很好地体现出对知识管理的改革和创新，通过合理应用大数据等技术的优势完成科技价值的创新，提高企业的经济效益。智慧酒店管理建立了一个全新的职能体系，可以实现酒店管理的具体化，促进酒店管理的智慧化发展进程。由于智慧旅游产业的大力发展，使酒店的发展和智慧旅游密切联系起来，同时也对智慧酒店的服务能力和管理水平提出了更多的要求。

（二）智慧酒店管理功能

根据功能划分，智慧酒店管理主要包括建筑基础设施和服务管理系统两个方面。下文以智慧酒店管理功能系统和安防系统为例进行介绍。

基于智慧经营理念和大数据技术，智慧酒店已经建立了较为先进的安防系统，且管理系统平台实现了安全可视化。管理系统能够自动识别和保存首次入住客户的身份信息，并且根据客户的实际需要设计出酒店入住方案，通过智慧酒店管理系统能够极大地防止酒店客房、停车位、人力资源等方面的资源浪费。为了提高管理效率，可以设计自动入住退房结算平台系统，以实现智慧酒店管理系统的创新发展。

三、智慧酒店管理系统的设计与方法

（一）智慧酒店管理系统的设计

1. 智慧酒店管理的建设目标

智慧酒店管理依赖于现代化信息技术，所以需要专业型的技术人员进行管理与维护。在酒店发展进程中，当基本的服务得到一定的保障后，才能推动酒店行业的进步与创新。所以，在智慧酒店管理建设过程中，最主要的就是提高酒店服务的质量和服务效率。智慧酒店管理把人工智能当作核心的基层劳动力，因此智慧酒店的管理与运营需要把设备的检查和维护作为主要的目标，保障服务质量。

除此之外，智慧酒店管理中的高新技术有利于吸引消费者的目光，智慧酒店的服务方式、提供给客户的良好的消费体验以及科技感是酒店的主要竞争优势。所以，智慧酒店需要打造自身的发展特色，不断研发新技术，积极完成数据处理，提高智慧酒店的市场竞争力。

2. 智慧酒店管理系统的模块建设

智慧酒店管理建设主要包括两个方面。首先，基础设施结构体系。需要实现中央空调系统、酒店信息管理系统、安全管理系统、智能照明系统、火灾报警系统、综合布线系统、智能集成系统以及通信网络系统等方面的建设。其次，服务管理系统。需要完成智能一卡通系统、公共广播系统、多媒体会议系统、客房管理系统等方面的建设。

在智慧酒店管理系统模块建设过程中，多媒体服务系统不仅可以通过酒店的网站给客户提供餐饮、客房、出行服务等，还能够利用智能终端及时通知客户重要的信息，并且和收费系统进行连接，节约了工作人员和客户的大量时间。智能电梯系统利用 RFID 技术，根据客户的房卡信息自动升降到客户的房间楼层，具有安全、节能等应用优势。自主入住/退房系统能够识别和登记客户的身份信息，让客户自主选择房间和配套服务，完成付款后会自动发放房卡。在退房时，当工作人员确认后，该系统会给客户授予退房权限，当提交退房申请后，自动进行费用结算，客户可以进行发票的打印操作。

3. 智慧酒店管理系统的内容

智慧酒店管理系统主要有企业资源管理 ERP 系统、物业管理 PMS 系统、客户管理 CRM 系统以及智能客房控制系统等。其中，ERP 系统主要对人力、物力、财力等方面进行管理；PMS 系统不仅要完成客户的预约、入住、退房等常规的业务办理操作，还要和其他的酒店进行系统对接工作；CRM 系统要进行客户的满意程度调查、信息的获取和建立、投诉建议问题的处理等工作，还要通过大数据、互联网技术来引导客户的消费，同时为客户提供个性化的在线预约服务；智能客房控制系统要保护客户的隐私安全。此外，还要对数据进行深入的挖掘与分析，建立完善的应急响应系统，配置摄像头、报警器等设备，从而实现视频监控、报警等功能。

（二）智慧酒店管理建设的有效方法

1. 大数据技术在智慧酒店管理建设中的应用

人脸识别技术。将该技术应用到酒店的建设与推广中，使前台服务终端可以实现酒店智能化、信息化发展。通过智慧前台服务终端，能够节约客户预约及入住登记的时间，按照提示在系统平台中可以快速办理相关手续，实现房卡的自动发放和收回，票据的自动打印，给客户提供了极大的便利性。同时，酒店工作人员能够在做好本职工作的基础上，根据客户的要求进行岗位服务，进一步提升员工的综合素质以及客户的满意程度，以实现智慧酒店的全方位服务。

智能停车技术。目前，汽车已经成为人们出行的重要交通工具之一，私家车的数量持续上升，因此，智慧酒店停车场的服务方式也需要进一步优化改进。在智慧酒店建设过程中，必须根据客户的停车要求，提供智能停车服务，并且完成推广和普及。目前，5G 通信技术和人工智能技术在酒店停车管理中建立了网络云平台系统，这也是智慧酒店应用的一种智能化停车管理模式。与传统的停车服务模式相比，通过网络云平台系统可以使车主掌握最新的车辆信息，提高停车管理效率。智慧酒店通过应用智能停车系统，不仅提高了停车场管理的质量和效率，客户的满意程度还得到了明显的提高。

人工智能技术。随着科学技术的进步发展，人工智能技术在智慧酒店管理建设中得到了广泛的应用，人工智能技术能够实现数据分析、检索和推理等功能，根据现有的数据库信息，在海量的数据信息支持的情况下实现智慧酒店的各项要求。此外，人工智能技术可以模仿人类的思维，并且根据人类的思维方式解决问题，在智慧酒店系统建设中，主要应用分析性强、人性化的智能化技术，从而提高智慧酒店的服务质量。

2. 分析用户需求，实现资源共享

在智慧酒店管理建设过程中，酒店企业和旅游部门需要加强对大数据的分析与应用，充分利用大数据解决智慧酒店管理工作中存在的问题，同时加强智慧客房的建设，建立健全完善的酒店信息系统。此外，旅游部门也要不断规范大数据的应用过程，发挥出对智慧酒店的引导性作用，以建设智慧旅游。酒店要充分挖掘客户的实际需求，全面建设酒店信息系统，构建完善的数据采集平台，从而发挥出智慧酒店的实际价值。

在数字经济视角下，智慧酒店管理可以高效地完成客户信息的采集工作，通过构建完善的管理制度推动大数据处理工作的顺利开展，酒店管理人员还要构建相应的数据采集模块，确保前台工作人员根据系统模块要求完成信息采集工作。最后，要对数据信息进行总

结，有利于挖掘潜在的客户资源，实现信息资源的共享。

3. 提供智能服务，提高管理水平

根据智慧管理理念，智慧酒店能够开展线上与线下结合的服务模式。首先，利用网络平台系统进行客户预约、接单服务、订单处理等工作，通过设计与开发线上智能软件平台系统进一步提高智慧酒店的管理服务质量。客户利用平台能够了解到酒店评价信息，并且咨询房间类型和价格等问题。其次，客户能够自主完成登记入住、房间选择、退房处理等操作，节约了客户大量的时间。同时，智慧酒店设置了智能控制系统、智能监控系统以及智能消防系统等，不仅可以自主控制客房中的联网终端，方便统计管理，而且可以对酒店的安全隐患进行实时监控，保护客户的人身财产安全。最后，在智慧酒店后期建设时，还要设计自动化公共服务设备，例如智能电梯系统、导航系统、停车场管理系统等，从而为客户提供更加方便、人性化的服务。

4. 加强酒店和网络平台的合作力度

由于科学技术的迅速发展，微博、微信等得到了人们广泛的应用，抖音、快手等视频网络平台也相继出现在大众视野。加强智慧酒店和网络平台的合作，一方面，酒店可以利用网络平台收集客户的信息资源，充分了解客户的实际需求。同时利用好新兴的平台进行智慧酒店的宣传工作，让更多的客户了解到酒店的详细信息。另一方面，客户可以在网络平台自主地进行房间预约、入住、退房等操作，能够节约客户的时间，提高酒店的服务效率。在退房之后，客户还可以在网络平台上进行评价，酒店管理者及时获得客户反馈，从而优化智慧酒店的管理与服务功能，进一步提高酒店的服务质量和自身形象。

除此之外，传统的酒店一般通过自有设施进行管理服务，服务效率较低，且客户满意程度有待提高。而基于大数据技术的智慧酒店可以在掌握客户的需求和喜好的基础上，通过外部资源给客户提供更加优质的服务。比如，智慧酒店和一些服务机构进行合作，能够给客户提供相应的接送、导游、餐饮等服务，进一步提高整体的服务质量。

5. 更新智慧酒店管理理念

在智慧酒店管理建设过程中，要不断加强智能化设备的应用，为酒店的管理提供全新的发展理念。在数字经济视角下，可以从设计、管理和交互等方面完善智慧酒店的建设。

第一，设计变革。通过大数据技术深入分析客户的喜好和需求，给客户提供个性化的优质服务，以满足不同客户的个性化需要。

第二，管理变革。以现代化科学技术作为重要支撑，智慧酒店管理建设需要具备人力资源管理、资产管理、客房资源管理等功能，并且对资源进行科学的调控与优化，以提升酒店的管理成效和智慧化水平。此外，智慧酒店还需要具有智能电梯、停车场、餐厅等设施服务，从而推动酒店的智能化发展，提升酒店的经济效益。

第三，交互变革。目前，交互方式主要为酒店和客户间的交互，方式过于单一化，在智慧酒店管理建设中，交互方式要向着多元化的方向发展，完成酒店、供应商、客户、第三方服务方的多点交互，不断扩展服务功能，从而满足不同客户的服务需求。另外，旅游管理部门还需要加强对智慧酒店管理建设的重视程度，加大资金投入力度，从而打开智慧酒店、智慧旅游、智慧城市协同发展的新局面。

6. 加强数据的规范化建设

在智慧酒店管理建设过程中，人们把主要工作放在了应用平台的开发与建设中，忽略了数据规范建设这一基础性工作。一些酒店对于已经规范化的内容不能进行严格实施，使得部分数据不能进行转化和应用，导致数据不匹配等问题，不利于大数据价值的发挥和体现。因此，现阶段，数据的标准化建设是需要解决的重要问题之一。

政府或者行业对现有的数据标准进行规范化建设，防止软件开发商滥用数据设计系统平台，弱化了数据的应用价值。酒店行业可以参考财务行业的做法，建立行业财务数据标准规范，保障系统间的财务数据可以实现兼容，从而完成财务信息化。因此，酒店行业要制定一套通用、可行的数据标准，统一数据样式，拓展数据的来源方式，使酒店之间的数据信息能够进行兼容共享，从而提高数据的利用效率。

7. 创造舒适宜居的酒店环境

随着人们的生活水平的提高，对酒店入住的舒适性要求也越来越高，所以智慧酒店需要创造舒适宜居的酒店环境。可以通过硬件条件进行改善，例如智能空调系统、自动化服务系统的应用等。也可以利用其他方式，比如，在节假日的时候，酒店的音乐、色调、主题等都可以随之改变，从而烘托出节日的氛围，以便吸引消费者的目光。

（三）智慧酒店管理模式的价值

智慧酒店利用现代信息技术的成果和管理模式上的优势，是现代酒店发展的主流模式之一，其拥有以下两个方面的特点。

1. 智慧酒店管理可以实现科技创新价值

互联网等信息技术应用是智慧酒店持续发展的主力军。可以实现科技的运用创新。从发展历程来看，引入信息技术的智慧酒店将在技术创新上创造一定的价值。跨行业跨界，实现酒店业与相关产业的有机融合，为酒店及相关产业创造诸多发展机遇，创造行业横向价值，为酒店行业整合创新提供价值支撑体系。

2. 智慧酒店可以创造经济效益价值

智慧酒店高效的管理模式和对信息技术的大规模应用，在竞争激烈的酒店行业占据首位，得到业内人士广泛的重视，从而进一步推进智慧酒店的发展。智慧酒店通过智慧服务模式，创新服务人们的出行习惯和旅游理念。客户通过智慧酒店的优质信息服务获取海量信息，充分利用时间，合理高效地制订出行计划。酒店根据客户消费行为定制专属特色酒店服务，为客户提供良好的旅游体验，从而提升酒店形象价值。

第二章　数字经济的时代背景

第一节　数字经济概述

一、数字经济的内涵

（一）数据

数据是描述事物的信息符号，这种符号主要由语言、图像、文字、声音等形式构成，经过数字化后，输入计算机并能被计算机程序处理①。数字经济首先是数据经济。在数字经济时代，数据成为数字经济的基础资源，同时也是数字经济发展的关键动力。作为数字经济的第一要素，数据在生产、流通、分配、消费活动和经济运行机制、社会生活方式、国家治理模式等方面都产生了重要影响。数据在生产和生活中的应用不断加深，重要性不断增强，如数据资源、数据资产、数据资本和数据要素等新概念不断出现。

（二）数字平台

数字平台是一种基于数字技术构建的，具有开放性、互联性和可扩展性，传递数字化信息的网络平台，它是利用数字技术和互联网，将不同的网络资源进行整合、交互和协作，创造出一种高效、智能和创新的服务模式，为各种类型的用户提供数字化的服务和资源②，包括数据、应用程序、工具、算法、服务和社交网络等，满足用户的需求和创新创业的需要。数字平台是数字经济时代的重要组成部分，成为数字经济的核心，对于推动创新、提升生产力和促进经济发展具有重要的作用。基于商业模式，可以将数字平台分为电子商务平台、在线共享平台、金融科技平台、在线社交网络服务平台、在线匹配平台等。

（三）数字技术

数字技术是将物理世界信息进行解析和处理，完成信息数字化、网络化和智能化的技术。数字技术在数字经济中的地位非常重要，数字技术的发展为数字经济提供了技术基础

---

① Berisha-shaqiri，Berisha-Nanami，Mediterranean Journal of Social Sciences 6（6），78，2015.

② Parker，G. G.，Van Alstyne，M. W.，&Choudary，S. P.（2016）. Platform revolution：How networked markets are transforming the economy and how to make them work for you. WW Norton&Company.

和支持；同时，也为数字经济的发展提供了新的机遇，改变了传统产业的生产方式和商业模式，促进数字化转型，提高生产效率和质量，帮助企业收集和分析大量的数据，了解市场和客户需求，优化生产和运营，制定更精准的战略和决策，是生产和运营过程自动化和智能化的重要手段，可以提高生产效率和管理效率，降低成本和风险，同时可以帮助企业创新商业模式，开辟新的市场和商机，实现商业转型和升级。

（四）数字经济

数字经济是以数字技术为发展动力，以使用数字化知识和信息作为生产要素，以数字平台作为运营中心和基础设施，实现生产、交换、交易、传播等经济活动的一种新型经济形态。

数字经济包括电子商务、数字支付、移动互联网、人工智能、大数据、物联网等技术和应用，通过数字化和网络化的方式，实现经济活动的高效、智能和便捷。数字经济的发展推动了传统产业的数字化升级和创新，同时也催生了一批新兴产业和业态，如共享经济、在线教育、在线医疗等。数字经济的发展对经济和社会产生了深远的影响，促进了经济的增长和就业的增加；改变了人们的生活方式，人们可以通过互联网实现便捷的购物、娱乐、社交等活动。同时也带来了一些新的问题，如隐私保护、网络安全、数据泄露等。随着数字技术的不断发展和应用，数字经济已经成为全球经济发展的新动力和新引擎。

二、数字经济的演化

数字经济是建立在现代通信技术以及互联网技术的基础之上的。随着数字技术与人类经济社会的逐步融合，数字经济的内涵在不断扩展延伸。数字经济与数字技术发展过程高度绑定，呈现一个不断演化的过程。

（一）萌芽期——信息经济时代（20世纪50—80年代）

数字经济萌芽始于20世纪50年代，现代电子之父威廉·肖克利（William Shockley）关于晶体管的研究，为电子电路和计算机科学发展打下了基础，同时成为后来半导体、集成电路、通信系统和操作系统的技术依据，这些软件构成了数字经济的底座和基石。而到了20世纪60年代，随着信息技术的不断发展，信息经济理论开始出现。1962年，美国经济学家马克卢普在《美国的知识生产与分配》（*The Production and Distribution of Knowledge in the United States*）一书中，分析了美国知识经济的发展趋势和特点，探讨了知识生产和分配的机制和影响因素，为信息经济研究打下了理论基础。在这一时期，经济学家开始关注信息在市场中的作用和价值，特别是信息的不完全性和不对称性对市场效率和资源分配的影响。其中最著名的理论是诺贝尔经济学奖得主乔治·阿克洛夫和迈克尔·斯皮策尔的“拍卖理论”。该理论探讨了当卖家和买家在交易中拥有不完全信息时，如何通过拍卖机制来实现资源的最优分配。他们的理论为市场价格形成机制的研究提供了一个新的视角，不同类型的拍卖适用于不同类型的商品，具体而言，单一买家拍卖适用于商品价值确定且相对稳定的情况，而多个买家拍卖则适用于商品价值不确定或波动的情况。这种分类为市场价格形成提供了一种新的分析方法，并且也为市场预测理论提供了一些新的思路和框架。

20世纪80年代，信息经济在经济社会发展中的作用日渐突出，1983年信息经济的概念被提出，该概念中信息经济是基于新技术、新知识的新型经济形势，信息成为新的生产要素。在这个时期“网络效应”理论诞生，该理论指出随着网络用户数量的增加，网络的价值会呈现出非线性的增长趋势。这种非线性的增长效应将会带来市场的垄断和寡头化。

（二）发展期——消费互联网时代（20世纪90年代至21世纪初）

在进入20世纪90年代后，互联网用户数量和网站数量迎来了爆炸式增长时期，很多新兴的互联网企业如Amazon、eBay、Google等相继出现。互联网技术不断创新，HTTP和HTML等基础技术的出现，为互联网上的信息交流提供了基础，使信息的交互和共享变得更加容易和普遍。Web 2.0则为广大用户提供了更加丰富的互动体验和更加个性化的服务。互联网技术的发展为信息的获取、传递和利用提供了更加便捷和高效的途径。网络经济开始出现并且快速发展，电子商务成为网络经济的重要组成部分。通过互联网平台进行线上交易和营销，使商品和服务的交换更加便捷和高效。网络化生产和组织模式加速出现，为企业降低成本、提高效率和灵活性，同时也为消费者提供更多选择和更好的服务。网络经济领域出现了很多新型产业和新型业态。例如，互联网金融、共享经济、移动支付等领域的出现。

随着互联网发展不断深化，网络经济理论体系也得到了发展。1996年，《数字经济：网络智能时代的前景与风险》中提出“数字经济”概念，指出数字经济是数字技术和互联网的应用，改变了传统经济的生产、分配和交易方式，形成了一种全新的经济体系。数字经济的特点包括高速度、高效率、高附加值、高互动性和高知识性。这一时期，互联网核心规律的梅特卡夫定律正式形成，揭示了互联网经济的规模递增特点和范围效应。

（三）高速增长期——数字经济时代（21世纪初至今）

数字经济时代开端于移动网络的兴起，数据资源成为关键生产要素，数据的获取、分析和应用能力成为企业和个人竞争的关键。作为新兴通用技术的数字技术使信息的获取、处理、传播和利用变得更加容易和便捷，信息化程度大大提高，推动企业转型升级，企业可以实现智能化生产、自动化控制和数据化管理，从而提高生产效率和质量。数字技术的应用还使企业和消费者之间的交流更加便捷，从而提高服务质量和用户体验，带动了新产品和新业务的不断出现。同时数字技术使各个产业间的边界变得不再清晰，传统产业结合数字经济产业的趋势越来越明显，新产业和新业态不断涌现。

在这个时期，各国开始将发展数字经济确定为一项国家战略，将其作为经济与社会发展的新引擎。2015 年 5 月，欧盟提出数字单一市场战略（Digital Single Market Strategy）旨在消除数字领域内的国界壁垒，促进数字经济的发展和数字技术的创新。该战略强调打造统一的数字化市场，消除数字化壁垒，提高数字技术的标准化和操作性，推动数字技术的应用和发展，鼓励欧洲企业和创新者在数字技术领域的发展和应用，从而提高欧洲经济的竞争力和创新能力。德国为推动制造业向智能制造转型，提出工业 4.0 战略，旨在采用新一代数字技术，推动德国制造业向高效、灵活、智能和可持续的方向发展。这将有助于提高德国制造业的生产效率、节约资源、降低成本、提高产品质量和创新能力，从而巩固德国在全球制造业中的领先地位。美国数字经济发展战略注重政府的引导和推动作用，美国政府于 2021 年发布《美国全球数字经济大战略》（*AU. S. Grand Strategy for the Global Digital Economy*），该战略旨在促进美国数字经济的增长和创新，保护数字经济生态系统，推动数字经济的全球治理，确保美国在数字经济领域的全球领先地位。中国政府于 2015 年发布《“互联网＋”行动计划》，旨在推动传统产业与互联网深度融合，促进数字经济发展和创新创业。该计划涉及多个领域，包括信息基础设施建设、数字化转型、“互联网＋”医疗、“互联网＋”教育、“互联网＋”金融等。

数字经济的演进如图 2-1 所示。

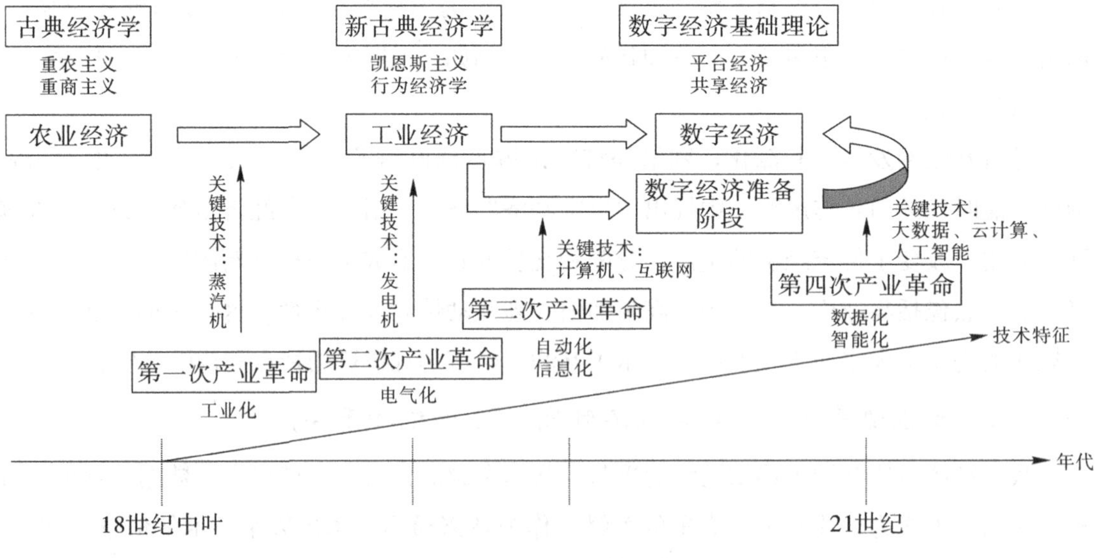

图 2-1 数字经济的演进

三、数字经济的特征

随着数字经济的不断发展，新一代信息技术在经济活动中不断扩散、应用，衍生出了一系列以大数据处理为主要特点的新产业、新服务、新业态、新商业模式。与传统经济相比，数字经济形成了崭新的经济活动场景、模式和生态以及根源于此的人、物、环境交互关系，实现了生产要素、生产关系、生产力的全面变革，呈现出了一些新特征。

（一）信息产品的非排他性

在传统经济中，无论是农业经济还是工业经济，其生产的产品都为物质产品，由于这些产品具有物理属性，产品的使用通常需要占据一定的时间和空间，同时产品重复生产需要消耗一定的资源，物理限制和资源稀缺性就决定了传统经济产品具有争夺性。一件产品被一名顾客购买或使用后，另一名顾客就无法再进行购买和使用，需要重复生产才能满足其余顾客的需求①，也就形成了传统经济产品的排他性。这种排他性也决定了传统经济需要市场供需关系来分配和交换有限的资源和产品，构成了传统经济中产品分配和交换的基础。

而数字经济主要生产的不再是物质产品而是信息，信息产品不再具备物理属性，可以突破物理空间限制，并且信息产品的生产不需要消耗或消耗极少的资源，信息产品在被顾客购买和使用后，只要数字基础设施仍然存在，则这一信息产品仍可以被多个用户同时使用，而不会对其他用户购买和使用造成影响。这种信息产品的非排他性特点使信息产品可以大规模传播和共享，从而促进了数字经济的发展和创新。

（二）生产要素边际成本递减

边际成本是指生产一个额外单位产品所需要的额外成本，在传统经济中，生产和分配一个额外单位产品会产生额外的边际成本和资源。而在数字时代，提供信息服务和产品虽然仍需要一定的成本，但随着通信技术和芯片技术的不断革新，数字基础设施的不断完善，新一代信息技术与社会经济各产业的融合不断深化，使海量的信息能得到广泛传播和深度应用，同时信息生产成本却不会随着分享次数和人数的增多而明显提高。而网络搜索技术和智能化技术发展，还使市场搜寻和匹配成本极大地下降。数字技术的广泛运用使信息产品的边际成本得到了极大的降低，甚至趋近于0。这种特性使数字产品可以被无限复制和传播，而不会消耗资源或破坏原有的信息。同时数字产品的生产成本可以集中在初始的开发和设计上，而不需要额外的生产和分发成本，这也使数字经济具有更高的效率和创新能力。

（三）数据成为关键生产要素

传统经济中，产品生产需要生产物料的投入，如工业经济，生产产品需要大量的机器设备投入和能源消耗。而数字经济运行虽然仍需要诸如计算机、芯片的使用，但如果没有

---

① 张文魁．数字经济的内生特征与产业组织［J］，管理世界，2022，38（07）：79—90.

大量、多种类的信息的储存处理，这些物质材料也难以产生价值、生产出产品。数据才是数字经济最为关键的生产要素，也是数字经济最本质的特征。数字经济价值的产生便来自对海量数据的采集和获取，以及后续的储存、分享、分析和应用，这也是数字经济的核心环节。企业可以通过收集和分析数据，对生产流程进行优化，提高生产效率和降低成本。也可以通过收集和分析客户数据，了解客户需求，提供更加个性化和优质的服务，同时企业收集和分析市场数据、竞争数据等，能为自身决策制定提供依据。数据作为数字化转型的基础，也会为企业数字化转型提供助力。数据在数字经济中的作用非常广泛，企业和组织的数据收集、管理和分析的能力也越来越成为企业的核心能力。

（四）数字市场虚拟化

不同于传统市场交易机制和行为受时间和空间的限制，在数字经济时代下，互联网和物联网等数字技术的发展，使物理事物可以通过智能设备和网络连接，极大地打破了物理隔阂和地理空间的限制，扩大了覆盖的范围，使经营主体可以借助互联网进行各种各样的经济活动，市场交易以及各种行为不必在现场进行，极大地扩大了市场交易的范围，降低了市场交易成本。同时，企业组织的市场身份也不再由其物理属性或位置来定义，而是通过数字化技术来实现身份虚拟化，甚至虚拟产品和虚拟货币也将得到发展，虚拟市场和现实市场也将得到高度交融。市场虚拟化虽然会提高交易的效率和方便性，并为数字平台提供了更多的商业机会和创新空间，但也会给数字经济带来全新政策议题和规制挑战，例如数据隐私保护和身份验证等问题。因此，在数字经济中，市场虚拟化的发展需要在不断探索运作方向、优化身份认证和管理机制下进行。

（五）开放共享原则

在数字经济中，开放共享的原则被广泛应用，这是数字经济发展的重要基础和保障。首先，数字经济的开放共享原则体现在信息产品的开放共享上。信息产品具有非排他性，这意味着一个人或组织的使用不会妨碍其他人或组织的使用，这为信息产品的开放共享提供了前提条件。通过开放共享，信息产品可以更广泛地传播和应用，促进创新和创业，提高生产效率和优化消费体验，推动数字经济的发展。

数字经济的开放共享原则还表现在数字平台的开放共享上。数字平台作为数字经济的重要载体，已成为数字经济发展的重要推动力。数字平台的开放共享可以促进数字平台之间的互联互通，增加数字生态系统的稳定性和可持续性。例如，开放 API 接口、数据共享等可以帮助数字平台更好地整合各类资源，提高数字平台的服务质量和用户体验。

数字经济的开放共享原则也表现在数字化技术的开放共享上。数字化技术是数字经济发展的基石，其开放共享可以促进数字技术的创新和应用。例如，开放数据、开放标准等都可以促进数字技术的开放共享，推动数字技术的不断进步和发展。

信息产品、数字平台和数字化技术的开放共享可以促进数字经济的创新和发展，为数字经济的可持续发展提供重要的保障和动力。

四、数字经济三大定律

（一）梅特卡夫法则

梅特卡夫法则是数字经济领域中重要的法则之一。该法则是指一个网络的价值与该网络中连接的节点数的平方成正比。也就是说，一个网络的价值随着其用户数量的增加而呈指数级增长。梅特卡夫法则被广泛应用于数字经济领域，用于帮助数字平台判断何时应该扩大用户规模。该法则表明在数字平台经济中，一个数字平台的用户数量增加时，其价值和影响力也会随之增加。例如，在社交网络中，用户数量的增加可以带来更多的社交和商业机会；而在电子商务领域中，用户数量的增加则可以带来更多的交易量。该法则可以帮助平台衡量自身的价值和影响力，同时也可以用来预测平台的未来发展趋势。

（二）达维多定律

达维多定律，也称为网络效应定律或者马太效应，是指在一个网络中，一个节点的价值或者影响力随着连接数量的增加呈现指数级增长的趋势。

达维多定律的核心思想是，网络中的节点并不是平等的，一些节点比其他节点更加重要，这些重要节点的影响力会随着连接数量的增加呈现指数级增长的趋势。这就意味着在一个网络中，少数节点的影响力会比其他节点更加强大，而这些节点往往会成为网络的领袖或者核心。在数字经济中，达维多定律的应用非常广泛。例如，在电商平台上，一些商家会通过与其他商家合作，建立起自己的供应链体系，进而提高自己的市场份额和影响力。在社交网络中，一些用户会通过与其他用户互动，建立自己的社交网络，进而扩大自己的影响力和知名度。

然而，达维多定律也存在一些负面影响。例如，在一个垄断市场中，少数企业或者平台会通过不正当手段，强化自己的市场地位，进而削弱其他竞争对手的竞争力。这样会导致市场竞争不公平，消费者的利益受到侵害，从而影响整个数字经济的发展。

（三）摩尔定律

摩尔定律指出，集成电路上可容纳的晶体管数量，每隔 18 个月就会翻倍，而成本却会相应降低一半，这就意味着，每隔 18 个月，集成电路的性能会提高一倍，成本却会减少一半。

摩尔定律的提出对于计算机的发展具有重要的意义。它促进了计算机技术的飞速发展，使计算机的性能不断提高，价格不断降低，从而推动了信息技术的普及和应用。这一规律的发现也为微电子工业的发展提供了指导和基础。

随着时间的推移，摩尔定律已经成为计算机行业中一个重要的指标。

然而，随着集成电路技术的逼近物理极限和一些国家在半导体产业领域实施的逆全球化战略，摩尔定律的适用性也在逐渐减弱[①]。在过去几年中，摩尔定律已经开始面临着挑战，一些业内专家认为，摩尔定律的发展速度已经逐渐放缓，未来可能会出现性能提升速度放缓、成本降低速度变慢等问题。

第二节　数字技术和数字组织

数字时代的到来，由众多细分领域和大量细分技术构成的智能技术群开始大量涌现并在经济社会发展中发挥着越来越重要的作用。在《复杂经济学》一书中，布莱恩·阿瑟对新兴技术对新经济形成过程的促进作用进行了诠释，并认为新技术的出现和应用对经济发展产生了深远的影响。经济活动必须调整以适应前面的这些变化，相应的制度也会变化，从而最终涌现出新经济[②]。新技术的出现可以扩大经济的生产能力，提高生产效率，改善产品质量和服务水平，推动经济的增长和发展。同时，新技术的出现也会改变经济的组织形式和生产方式，促进经济的结构调整和转型升级。例如，数字技术的应用使企业能够更加灵活地组织生产和管理，提高效率和创新能力，推动产业升级和转型。这个理论实际上解释了云计算、大数据、人工智能等智能技术驱动传统经济向数字经济转型的过程。智能技术在社会经济活动中大量运用，便会促进旧经济运行方式和结构的重构，形成了一些相对稳定的经济新结构和新形态，如平台经济、分享经济、算法经济、服务经济、协同经济等，而已形成的经济形态会进一步触发社会其他领域的连锁变革。该作用结构如图 2-2 所示[③]。弗里曼和卢桑便在《光阴似箭：从工业革命到信息革命》一书中，使用“技术经济范式”来描述这种利用技术进步通过经济系统影响产业发展和企业行为的现象。总的来说，数字技术已成为数字经济发生和发展的基本驱动力，数字经济从本质上就是新一轮技术经济范式转换。本节将会介绍构成智能技术集群的五种主要数字技术以及数字经济核心组织结构。

---

① 其实对于摩尔定律是否有效问题，产业界仍然众说纷纭，英伟达 CEO 黄仁勋和英特尔 CEO 基辛格的观点便针锋相对，有兴趣的读者可以自行研究思考。

② ［美］布莱恩·阿瑟．复杂经济学［M］．贾拥民译．杭州：浙江人民出版社，2018.

③ 杨青峰，李晓华．数字经济的技术经济范式结构、制约因素及发展策略［J］．湖北大学学报（哲学社会科学版），2021. vol48.

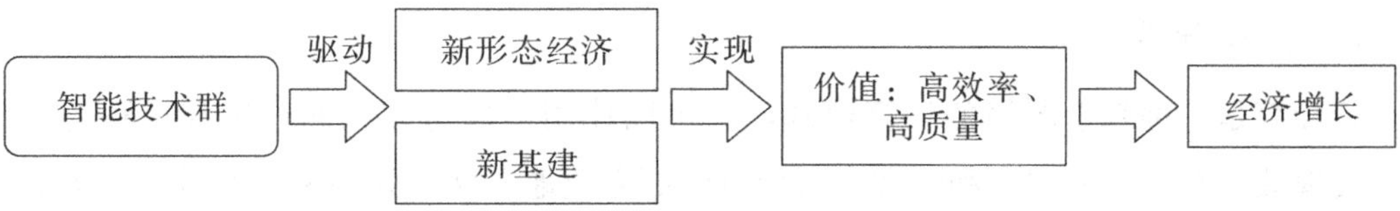

图 2-2 数字经济范式结构

一、数字技术

（一）ABCDM 人工智能

ABCDM 情感分析模型是一种基于机器学习和自然语言处理技术的情感分析方法。该模型主要由五个方面组成，分别是 Affect、Behavior、Cognition、Desire 和 Motivation，即情感、行为、认知、欲望和动机①。这五个方面相互作用，构成了情感体验的完整过程。该模型在近些年被引入人工智能领域，被广泛应用于舆情分析、产品评价、客户服务、广告营销等领域。该模型可以识别文本中的正面情感、负面情感以及中性情感，通过对用户的评论、评价、留言等文本进行情感分析，可以让企业了解用户的真实需求和感受，通过社交媒体分析，企业可以了解用户对品牌或产品的情感反馈，从而更好地制定营销策略，提高品牌影响力。同时基于该模型的智能客服可以更好地识别用户的情感状态，提供更加个性化和人性化的服务，提高客户满意度和忠诚度。人工智能已成为数字经济的重要的推力，随着数字经济的不断发展，ABCDM 情感分析模型的应用前景将会越来越广泛。

（二）区块链

区块链是一种分布式的、去中心化的数据库技术，它可以确保其记录的数字交易、信息和资产的安全和透明性。区块链技术通过将交易记录保存在一系列区块中，形成一个不可篡改的数据库。每个区块都包含了之前所有区块的信息，且每个区块都有一个唯一的数字签名，保证了信息的不可伪造性和安全性，避免了传统中心化的数据管理的风险和弊端。区块链技术在数字经济中有广泛的应用前景，首先区块链可以通过其特性，保障数据安全，避免了数据泄露的风险，为数字经济发展提供安全保障。区块链还可以用于供应链管理，供应链管理对数字经济发展来说非常重要。区块链技术可以实现供应链的透明性和可追溯性，让消费者了解产品的来源和生产过程，从而提高产品的信任度。区块链技术还可以用于电子商务、金融服务等领域智能合约的实现，大大提高了合约的效率和可靠性。区块链改变传统经济模式，带来更高效、更安全和更透明的数字经济。

---

① Mohammad Ehsan Basiri，Shahla Nemati，Moloud Abdar，Erik Cambria. ABCDM：An Attention-based Bidirectional CNN-RNN Deep Model for sentiment analysis ［J］. Future Generation Computer Systems Volume 115，2021，279—294.

（三）云计算

云计算是一种基于网络的计算模式，它可以让用户通过互联网连接到远程的计算资源，实现数据和计算的共享和管理。人们可以更方便地存储、处理和传输数据，大大提高了计算效率。随着数字经济的快速发展，云计算成为数字经济发展的重要驱动力。云计算提供的计算资源和存储空间，为数字经济应用提供了强有力的支持。在数字经济中，数据是最为核心的资产，云计算可以提供高效、安全的数据存储和管理服务。用户可以将数据存储在云端，通过云计算技术实现数据的备份、恢复和共享，提高数据的可靠性和可用性。同时云计算可以提供高效、弹性的计算资源服务。高效、强大的计算资源和分析工具可以帮助企业和机构更好地了解市场和客户需求，帮助企业和机构实现人工智能和大数据分析的应用，提高计算效率和成本效益。云计算对于网络和服务器的依赖性也对通信基础设施的建设提出了更高的要求，同时云计算将用户数据储存到云端，数据的安全性和隐私保护就显得尤其重要。如何更好地管理和控制云计算的安全性、可靠性成为研究的重点。

（四）大数据

大数据是指规模庞大、种类繁多、高速增长的数据集合，这些数据通常来自各种不同的来源，如互联网、社交媒体、传感器、移动设备、云计算等。大数据的价值来自极大量、多种类、速变动数据的关联与合成，通过采集和分析大量的数据，可以发现数据中的规律和趋势，从而指导数字经济企业的决策和战略。通过对海量的数据进行分析，企业可以了解客户的需求、兴趣、购买行为等，为企业提供更多的商业机会。例如，一些电商平台可以通过用户的浏览记录和购买行为，精准推荐商品，提高用户购买转化率。同时，大数据可以帮助企业了解竞争对手的市场策略，进而制定更加有效的营销策略。在供应链管理方面，大数据也可以帮助企业进行货物追踪和风险评估，提高供应链的稳定性和安全性。随着人工智能技术的不断发展，大数据也成为人工智能的重要数据源。通过对大数据的分析，可以训练出各种机器学习模型，用于预测和决策。例如，在智能交通领域，通过对交通数据的分析，可以预测道路拥堵情况，进而调整交通流量，提高交通效率。

（五）元宇宙

元宇宙是数字经济中的新概念，代表了数字经济的新型发展趋势。它是一个虚拟的三维空间，使用虚拟现实技术模拟现实世界的各种场景和环境，创造出一个沉浸式的体验，用户可以在这个虚拟空间中以虚拟的数字身份进行各种活动，如交互、交易、娱乐、学习等。元宇宙的出现是对数字经济发展的拓展。元宇宙可以为数字经济打造一个全新的虚拟经济生态系统，其中包含了各种数字化的物品、服务和交易平台，用户可以通过虚拟货币进行交易，并在其中实现真实的价值转换。这种虚拟经济生态系统可以为数字经济提供更多的商业机会和发展空间。而在生态系统建立的过程中，虚拟现实、增强现实等数字技术将得到长足的发展，为数字经济提供全新的数字化服务。同时，通过虚拟世界的模拟和实验，不同领域的数字经济可以在元宇宙中进行更加深入和广泛的交流和合作，为数字经济的跨界融合提供更多的机会，在这个过程中更快地发现和解决数字经济中的问题，加速数字经济的创新和转型。

二、数字经济核心组织结构

（一）平台的形成

数字经济存在梅特卡夫法则，这一法则表明在数字经济时代，网络规模较大的企业能够获得更多的正反馈，而网络规模较小的企业会逐渐退出，这就会导致数字市场会形成以少数大型数字企业为中心，串联起其他企业的产业协同趋势，也就是数字平台化的趋势，这形成了平台建立的基础，而数字时代发展的数字技术也为平台的发展提供了动力。随着移动互联网的普及，人们可以随时随地使用手机、平板电脑等移动设备进行网上购物、社交、娱乐等活动，为平台成员之间的连接创造了物理条件，也为数字经济时代的平台提供了更大的市场空间。而云计算技术的发展和大数据的应用，使平台能捕捉海量数字信息资源，通过对数据分析和对未来状况的预测，数字平台可以促进企业间的合作和竞争，通过数据分析、智能预测等手段，提高企业的生产效率和产品质量，提升了数字经济的整体竞争力。同时，数字平台还可以为企业提供更多营销方式，增强了企业的市场竞争力。由于数字平台具有开放性、协同性和创新性等特点，它不仅可以为企业提供更广阔的创新市场和更丰富的创新资源，也可以为各个领域的企业提供更多元的、创新性的服务，扩大了企业的创新空间，促进了数字经济的创新发展。平台的网络效应使平台各成员之间联系更加紧密，平台成为数字经济的核心组织形式。

（二）平台的分类

电子商务平台是一种基于互联网技术和电子商务模式，为商家和消费者提供在线交易和交流服务的平台。这些平台通过互联网提供商品销售、营销、客户服务等多个环节的一体化服务，为消费者提供方便快捷的服务体验。例如，淘宝作为中国最大的电子商务平台之一，不仅为消费者提供了一个产品多样的购物平台，还推出了评价系统、售后服务等功能，保证消费者的购物体验和权益，也为第三方卖家进入电子商务市场创造了便利。

社交媒体平台是指提供用户互动、信息分享、社交交流等服务的平台，这些平台通过在线社区形式为用户提供了自我表达和社交的渠道，让用户可以随时随地与朋友、家人、同事等保持联系。例如，Twitter作为全球性的社交媒体平台，用户可以发布短文本信息，并能利用平台进行即时通信和社交互动。

在线共享平台是指通过互联网或移动应用程序实现资源共享的平台。这些资源可以是物品、服务、知识等。在线共享平台的发展可以帮助人们更加高效地利用资源，从而减少浪费，节约成本。携程作为一站式旅游平台，提供包括预订酒店、公寓、机票、火车票、汽车租赁和旅游活动等服务，可以为消费者提供多种资源选择，也有助于第三方企业进入旅游市场。

在线教育平台是指提供在线教育、培训、学习等服务的平台。这些平台通过在线课堂、视频教程、在线测试等形式为用户提供了高质量、灵活的学习方式，为其带来了更加丰富的教育资源，使学习变得更加便捷和自由。Coursera 是一家来自美国的在线教育平台，它提供了来自世界各地顶尖大学的课程，学生可以在 Coursera 上免费学习这些课程，并通过考试和作业来获得证书。

金融科技平台是指利用技术手段提供金融服务的平台。这些平台通过互联网技术和金融业务的融合，实现了资金转移、支付结算等金融业务的在线化，为用户提供了更加便捷、安全的金融服务。支付宝作为一个涵盖支付、理财、借贷、保险、信用评估等多方面金融服务的综合性平台，通过互联网技术和金融业务的融合，实现了金融业务的在线化，为广大用户提供了更加便捷的金融服务。

云计算平台是指通过云计算技术提供计算、存储、应用等服务的平台，这些平台通过分布式计算、虚拟化技术等方式，为用户提供了高效、灵活、可扩展的计算和存储资源，用户可以更加方便地进行数据处理和应用开发。AWS 是由亚马逊公司推出的云计算平台，提供了一系列的云计算服务，包括计算、存储、数据库、分析、人工智能、安全、企业应用程序、移动应用程序等。①

第三节　数字经济的重构作用

一、数字市场的重构

（一）对消费者行为的重构

传统消费者行为理论认为，消费者会受到如预算等条件限制，只能在一定范围内选择一定的组合来满足自身需求。而数字时代，数字技术的快速发展可以有效地建立消费者行为同数据之间的关系，传统消费决策模式逐渐被消费行为预测和大数据算法推荐所取代，消费者获取和搜寻成本下降，使消费者能更好地对市场信息进行筛选对比，满足自身需求，以提高市场交易的匹配度和资源的利用效率。

---

① 根据标准的不同，数字平台的分类是多样化的，本书根据经济合作和发展组织（OECD）基于商业模式的分类方法对平台进行分类，读者可以自行了解其他的分类模式。

随着数字经济的进一步发展，不断强化的网络经济形态会呈现出明显的网络外部性。消费者从消费中得到的好处，不再是由产品本身所拥有的价值所决定的，而是由其他消费者的消费行为所决定的。例如，当你身边的朋友都在使用微信时，即便市场上还有其他软件可供选择，你也最可能选择微信，因为这便于同朋友联系。网络外部性一方面是由网络内用户的直接联系所产生的，另一方面则是由市场中介作用间接形成的。该效应还表明在一定范围内，消费者的需求会随着消费规模的增加而增加。同时，不同于传统经济理论边际效应递减的规律，网络外部性意味着消费越多，获得的效应就越高。

数字时代，数字技术得到长足发展，企业能针对消费者偏好推出个性化服务，使消费者个性化消费需求得到满足。在这种情况下，“长尾效应”会得到极大增强。“长尾效应”是指市场上的一些产品数量很大，但其销售量却很少；极少数产品却占据了市场的大部分销售额，从而形成了长尾市场，如图 2-3[①] 所示。更多满足个性化需求的产品将会使曲线趋于平缓，体现“需求方规模经济”。

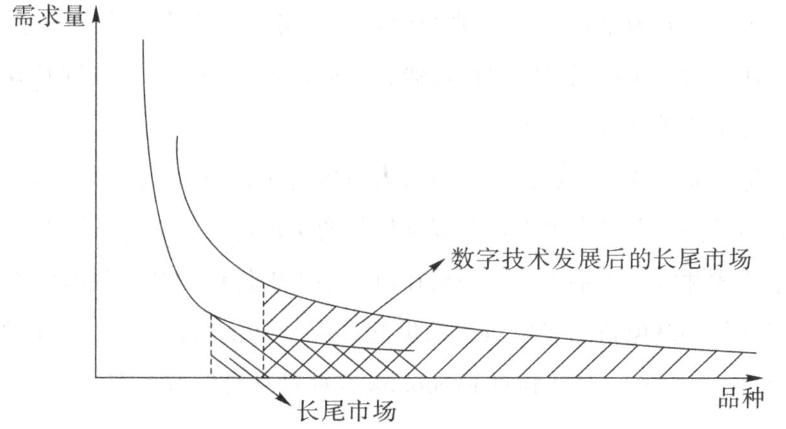

图 2-3　长尾市场需求曲线

（二）对企业行为的重构

数字时代迅速发展的机器学习方法能高效地发掘市场数据，而人工智能等技术的大规模应用又使基于大数据的分析和预测效率提高，企业获取并追踪市场用户网络行为信息的成本大幅下降，这也为企业对消费者实施价格歧视提供了便利。企业可以利用算法等科技手段，基于多元用户数据对用户进行画像，区分具有不同支付能力和支付意愿的用户，并在此基础上针对每个用户进行个性化定价，也就是所谓的大数据“杀熟”。例如，一些酒店预订网站会根据用户的搜索历史、设备类型、地理位置等信息，调整同样的酒店房间价格，以吸引那些对价格敏感的客户。企业同时也会采取捆绑销售模式，设计出不同产品组

① 陈晓红，李杨扬，宋丽洁，汪阳洁．数字经济理论体系与研究展望［J］．管理世界，2022，138（02）：208—224.

合，以吸引特定客户。相较于传统产品，数字产品生产边际成本趋近于 0，对产品进行组合的成本也更低，因而利于企业实施。例如，旅游平台会将机票、酒店、旅游景点门票和餐饮等服务捆绑在一起出售，以吸引那些需要一揽子旅游服务的客户。

在数字经济三大定律中，我们知道由于梅特卡夫法则的存在，规模较大的网络企业能够获得更多正反馈，可以说，数字企业天生就具有垄断属性。用户会受到网络外部性的影响，而对旧事物产生依赖，在这种条件下，即便新事物明显比旧事物能带来更大的效用，用户也很难采取行动放弃旧事物，这便是用户的过大惰性问题。过大惰性会导致在市场中原本就占据较大份额的企业会在市场竞争中获得更多优势，新兴企业很难在竞争中获利，即形成所谓的“赢家通吃”局面，这也将进一步强化数字企业的垄断属性。为了进一步强化自身垄断地位，巩固竞争优势，这些数字企业往往会采取一些排斥竞争或不正当利用自身优势的行为①。

首先，自我优待。数字平台企业往往一方面从事着与平台中其他企业构成竞争关系的自营性业务，另一方面为平台中的其他企业提供服务。而平台企业往往会利用其主导地位，采取措施使自营产品在竞争中取得优势。例如，亚马逊会利用数据及算法，强化自身优势，对第三方企业进行搜索降级。

其次，拒绝交易。数字企业拒绝交易行为包括封闭、限流、降低便利性。例如，淘宝平台就对蘑菇街等同京东等竞争平台开展合作的商家进行限流甚至下线处理。

最后，杀手式并购。杀手式并购是指在市场中占据优势的公司收购潜在竞争对手，目的是保持市场地位并避免新的竞争对手的崛起，而非真正的扩大业务。例如 Facebook 在 2012 年收购了 Instagram，避免其对 Facebook 在移动社交领域的市场份额构成威胁。

（三）双边市场形成

在梅特卡夫法则和网络外部性的作用下，数字市场主体完成重构，同时，随着企业商业模式不断创新，平台成为数字经济的核心组织形式，数字市场也逐渐形成了以平台为中心的结构安排，也就是双边市场。

双边市场是指以数字平台为中心，联系消费者和生产者的市场结构。在双边市场中，数字平台起到中介作用，消费者和生产者的所有交易都必须在平台中完成，而平台则向双方提供各种服务，以提高交易匹配效率，降低交易成本。双边市场是典型的“哑铃式”结构，数字平台是其中最为关键的部分。

在双边市场中，消费者和企业之间保持着互补依赖性，双方均需要对方提供价值，并且提供的价值都能满足双方自身需要，这是双边市场形成的前提条件。双边市场同样还具

---

① 企业行为的总结参考美国国会 2020 年发布的《数字市场竞争调查报告》。

有双边网络外部性，即一方规模影响另一方所获取的收益，这种影响既可以是正向的，也可以是负向的。也就是说当一方规模扩大时，另一方收益也会相应扩大或缩小。双边网络外部性也意味着在双边市场定价时，当一方对另一方网络外部性效应更大时，这一方用户将获得更高的定价，形成倾斜的双边市场价格结构。虽然当前大数据、云计算、人工智能等信息技术赋予了平台更大的优势，是供需双方更加靠近帕累托最优的状态，但在现实情况下，往往存在信息不对称、市场失灵等问题，使资源配置不够公平和合理，如此理想的资源配置状态，实际上很难实现。

二、创新发展体系的重构

数字时代，数字技术不断取得突破式进展，极大地降低了企业获取和处理大数据的成本，使传统生产方式完成变革，形成数据驱动的知识生产方式，极大地降低了生产成本，提高了企业运营效率。不同于传统经济中主体之间依赖物理基础设施的联系，以网络宽带和基站为代表的数字基础设施，让数字经济中各主体的联系突破时间空间限制，促进了数据要素在各主体之间的流通和应用，增强了数据同各主体之间的联系，凸显了数据在创新发展体系中的重要性，为创新体系的重构提供了动力支持。

制度环境也是创新发展体系的内在动力，有效的制度安排是决定资本、技术等要素发挥作用的前提。创新发展体系的变革离不开制度的保障。中国政府出台了一系列政策，鼓励数字经济的发展和创新。中国建立了以知识产权保护、数据安全保护、金融支持、人才培养为主的完善创新制度安排，为创新发展体系变革提供了制度保障。

下面将从五个方面分析数字经济中创新发展体系重构的内容。

（一）创新投入的重构

在传统创新发展体系中，物质材料构成了主要的投入物，包括土地和劳动力等，但在数字创新发展经济体系中，大数据成为新的生产要素，数据的关联与合成，不仅创新商业模式，实现服务升级，还能够与传统要素结合形成新的投入品，例如智能机器人。传统创新体系中生产资源的供需之间往往存在信息不对称，极大影响了生产效率的革新，而借助数字技术完成对数据的挖掘，并对得到的数据进行分析，有助于加强供需双方信息对照交流，保证需求端与供给端两者匹配，提高投入品的配置效率。传统创新发展经济体系中，要素之间存在复杂互动关系，并且这些关系可能受到外部环境、政策和文化等因素的影响，而数字技术能利用数据关联各要素，帮忙识别传统经济体系中各要素之间的联系，从而更好地理解和管理创新活动。

（二）创新产品的重构

在数字时代，随着数字技术的不断发展，创新产品不断地与数字技术融合。这种融合极大地提高了产品的智能化程度，并且改变了传统产品的形态和组成。例如，智能家居、智能汽车等产品都是数字技术与传统产品融合所产生的典型代表。这些融合型产品具有更高的智能化水平和更加丰富的功能特性，同时数字化技术的发展让企业能够更好地了解消费者需求，及时调整自身产品，更加精准地提供定制化的服务。数字时代加速了服务的平台化，数字平台的出现让服务提供商和消费者能够更加高效地对接，形成更加完善的服务生态。比如，共享经济平台为用户提供更加便捷的服务。从产品质量层面看，消费者可以通过网上评级和用户评价，更加便利地获取商品信息，同时降低了消费者投诉和维权的成本，低质量企业则会因为网络的扩散效应难以生存，从而激励企业改进产品质量。

（三）创新主体的重构

在传统创新发展体系中，创新过程因受时间、空间和技术水平的限制，往往由某一固定主体来统筹创新过程，但数字技术的发展，强化了创新主体之间的联系，创新主体变得更加多元化、复杂化。各主体合作场景增多，创新主体之间的边界逐渐消失，形成分散式、多主体的创新结构。上下游商业伙伴、顾客甚至是竞争对手都可能会参与到企业创新活动中。

（四）创新过程的重构

由于数字技术使各主体之间的联系打破了时间空间限制，因此数字时代的创新模式更加强调跨界合作、共享知识、共同创造和分享收益。开放平台、共享经济等新生事物，促进了创新资源的共享和流通。这样传统创新遵循的“知识生产—产品设计—产品商业化”的线性模式不再符合时代要求，数字时代的创新发展体系呈现出非线性的特征，创新过程和创新结果相互促进，创新各个过程的分界点不再明确，淡化了创新过程的时间概念。

（五）创新组织的重构

传统创新发展体系遵循线性模式结构，因此各部分分工企业组织形式十分清晰，而数字时代，平台的出现，使从事创新的组织结构有了新的变化。联系平台企业和外部企业的分布式组织形式形成，相较于传统企业组织内外分明的结构，分布式组织形式有利于打通企业内部各部门以及企业内外部之间的信息壁垒，促进各方交流和协作，降低企业的成本。同时企业也能对市场需求变化做出快速响应，提高管理效率。

第四节　产业数字化

一、产业数字化的定义与目的

产业数字化是指将传统的产业经营模式和业务流程进行数字技术的应用和创新，可以帮助实现产业的数字化、智能化、自动化、网络化和平台化转型升级。这些转型和升级是推动产业发展的重要手段，可以提高企业的竞争力和市场适应性，同时也有助于推进整个社会的信息化和智能化进程，是数字技术与实体经济融合的过程。产业数字化涵盖了数字化生产、数字化供应链、数字化营销、数字化服务等多个方面。产业数字化是数字经济的核心内容，是数字技术促进生产力、提升要素配置效率的表现，构成了数字经济覆盖面与影响力的有力指标。产业数字化的目的是利用数字化的知识和信息化的生产要素，与产业链、价值链、生态链相融合，通过信息技术创新和管理创新，深度挖掘数据价值，提高数字化技术的应用能力和创新能力，不断催生新产业、新业态、新模式，如图 2-5 所示，最终形成数字产业链和产业集群，实现全面数字化转型。

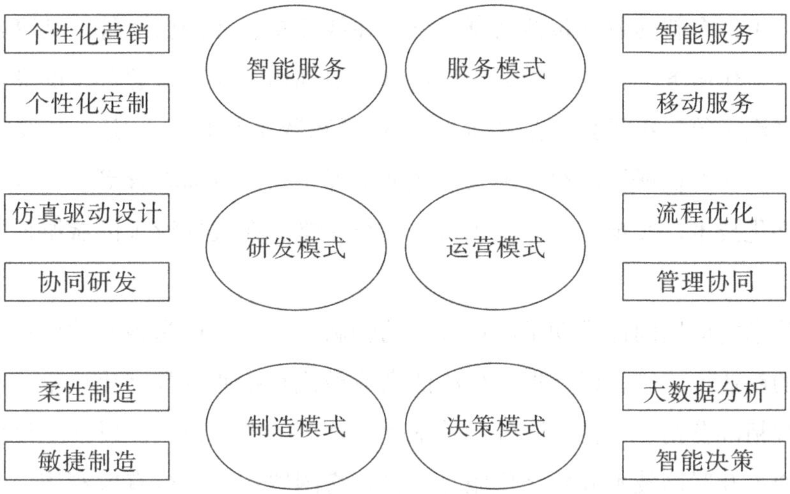

图 2-5 产业数字化转型模式

二、产业数字化实现路径

（一）数字产业化

数字产业化是指为产业数字化发展提供数字技术、产品、服务、基础设施和解决方案，以及依赖于数字技术、数据要素的各类经济活动。数字产业化是数字技术应用与创新所带来的新型产业发展模式，是经济结构升级和转型的重要手段。数字产业化的核心便是数字化技术，包括云计算、大数据、人工智能、物联网、区块链等技术，以这些核心技术为中心，衍生出了一批相关联的产业，如大数据产业、信息技术软硬件产品生产及软件服务产业。

数字产业化是产业数字化的基础和前提，同时也是数字经济发展的重要动力来源。它促进了数字技术在各行各业中的普及和应用，推动了相关数字产业的出现和发展，有利于数字基础设施体系的建立和不断完善，为产业数字化推进打下了良好的技术基础；同时，数字产业化也便于企业建立数字管理体系，有利于企业提高生产效率、质量和服务水平，实现数字化、网络化和智能化的生产和管理，提高数字化技术的应用水平。数字经济是以数字技术为基础的新型经济形态，数字产业化的发展可以促进产业数字化和数字经济的融合，实现数字技术和产业经济的深度融合，进而推动产业转型升级、优化和调整。

（二）第三产业的技术渗透

数字化技术的应用使服务业从传统的人工服务向数字化服务转型，数字化技术也逐渐渗透到第三产业的各个领域，如金融、医疗、教育、旅游、娱乐等。数字化服务作为服务业的新形态，依托于数字技术的普及和应用，形成了一系列新的数字化服务产品和业态，创新了商业模式和产品服务。

服务业产生许多新的业态包括共享经济、在线教育、在线旅游等。共享经济是通过互联网技术和数字化服务平台，将闲置资源进行有效利用，实现资源共享的商业模式，如共享单车、共享汽车等。在线教育是指通过互联网和数字化技术，实现在线学习、在线教育、在线考试、在线认证等的教育模式，例如慕课、在线直播教育等。在线旅游是指通过互联网和数字化技术，实现在线旅游预订、在线攻略、在线导游等的旅游模式，如在线旅游平台等。

数字化技术的应用同样推动了商业模式的创新，如以数据为核心的商业模式、以共享经济为核心的商业模式等。以数据为核心的商业模式是指通过数字化技术，收集和分析用户数据，实现精准营销、个性化服务、精细化管理等的商业模式。以共享经济为核心的商业模式是指通过互联网技术和数字化服务平台，将闲置资源进行有效利用，实现资源共享的商业模式，如滴滴出行、摩拜单车等。

三、产业数字化实例——智慧旅游

（一）智慧旅游的概念及内涵

随着数字时代的到来，民众对旅游公共服务的需求快速升级，自助游客和散客群体的数量不断增加，成为旅游市场的“主力军”，而且需求各异。传统的旅游模式已难以满足游客日益变化的复杂个性化需求和海量数据处理问题，需要对整个旅游产业实施转型升级。智慧旅游正是在此背景下诞生的新型旅游模式。智慧旅游是一种利用信息技术、物联网、人工智能等智能化技术手段，在云平台基础上，采用结构化系统构建一个资源统筹、信息贯通、应用丰富的综合服务平台，运用云服务的理念和技术重新梳理旅游行业信息系统提供方式以提高旅游业务的效率和质量，为游客提供更为便捷、智能、个性化的旅游服务的新型旅游模式。

智慧旅游是数字技术同旅游产业相结合的产物，是现代旅游业发展的崭新阶段。智慧旅游不是数字技术在传统旅游模式中的简单运用，而是要建立以游客个体为中心，通过对旅游全过程、全时空、全机构的协同，整合旅游目的地吃、住、行、游、购、娱以及和旅游相关的各类资讯和服务的现代旅游公共服务体系，该系统不光包含了旅游企业和消费者，还涉及了政府部门和旅游信息网络运营商。智慧旅游不仅会重构旅游信息流，促进旅游产业重组，还会促进旅游管理方式的变革。其终极目标是实现智慧旅游服务组合、服务管理和服务营销，满足游客个性化需求。

（二）智慧旅游运作机理

1. 智慧旅游服务模型

从纵向服务角度出发，在旅游过程中，游客会不断产生和更迭其个性化需求信息，而智慧旅游将形成旅游服务链，即需求映射—资源整合—方案形成—方案选择和实施—服务评价和反馈；而从横向角度来讲，智慧旅游是以游客需求为核心的，这就意味着旅游服务模型构建需要游客服务提供方构建沟通协调机制，时刻挖掘游客需求并及时反馈，形成准确、适时的旅游方案。

2. 智慧旅游信息交互模式

智慧旅游信息交互模式是为提升旅游系统中各主体之间的信息沟通程度，而依托智慧旅游平台所提供的科技手段和智能设备收集、整理信息，实现供需双方信息交互的服务模式。该服务模式以平台为核心，在其上汇集大量旅游产品和服务信息，并以此为基础为游客提供智慧查询服务。同时平台会收集用户信息，形成用户画像，为游客提供个性化的信息和服务。智慧旅游云平台会根据游客需求业务指令，结合已生成的游客个性化信息，通过智能化的导游服务、语音识别、推荐系统等技术手段，为游客提供个性化的旅游服务，并通过对旅游情景的实时分析，进一步为游客配置更加优化的资源，对游客的旅游方案进行实时调整和优化，从而提高游客的旅游体验。同时旅游服务供给方可以通过智慧平台获取需求信息，利用大数据分析和人工智能技术，对游客的消费行为、旅游偏好等数据进行收集和分析，为旅游企业提供更精准的市场营销和产品开发策略。

3. 智慧旅游要素协同服务模式

智慧旅游涉及吃、穿、住、行等多种类型的服务和旅游资源，这种旅游要素大多呈现分散的状态，不利于平台对于需求信息的捕捉和分析，同时也不利于游客获得一体化的旅游方案。因此在智慧旅游信息交互模式的基础之上，对旅游要素诞生的全过程进行整合、协同，构建协同服务模式，提升要素的系统性。该模式首先将对旅游需求进行分析和识别，形成需求信息，并根据需求迅速锁定旅游资源最佳提供者，形成需求与旅游要素的协同，提升要素利用效率，综合考虑后，构建最优服务方案。平台可以通过游客的反馈和评价，对旅游服务进行监督和改进，同时平台可以将其推荐的服务组合方案按照方案特征进行标注分类，形成旅行预案并根据游客进行的交互决策选择，不断优化平台算法，从而提高旅游服务的质量和水平。

4. 智慧旅游价值共创服务模式

智慧旅游价值共创服务模式是以智慧旅游平台为主体的价值创造模式。该模式通常由旅游产业的龙头企业牵头，其他旅游企业、第三方旅游网站共同建设旅游服务系统。系统内部众多企业、众多产业互动融合，形成智慧服务生态系统，为游客提供多元化的服务体验场景。共创价值包含两个层面，旅游服务产业价值和游客体验价值，各参与主体之间通过资源共享等实现有机协同。

（三）智慧旅游发展方向

目前我国智慧旅游还处于起步阶段，国内智慧旅游平台建设还不够完善，而智慧旅游平台是智慧旅游的核心，一方面，消费者可以通过平台获得多样化的服务和产品，满足自身个性化需求，另一方面，企业可以将传统经营模式由线下服务转为线上线下相结合经营模式，在智慧旅游平台充分展示形象和平台，同时科技与文化的结合可以促进企业加快对旅游资源的深度开发，打造新型的旅游文化产品与旅游创意产品，进一步放大旅游资源的综合效益。建设一个综合性、开放性、智能化的平台，将旅游行业的各个环节进行整合，实现信息共享和资源整合，提高旅游服务的质量和效率将成为智慧旅游发展的重点。

旅游业不仅具有明显的产业属性，还有较强的事业属性。首先，智慧旅游可以赋能于社会公平与和谐发展。传统旅游业的发展存在着区域不平衡、景区过度开发等问题，导致一些旅游资源没有得到合理利用。智慧旅游可以通过数字化技术的应用，实现旅游资源的合理配置，提高旅游的整体品质和可持续性，从而促进旅游业的平衡发展。其次，智慧旅游要更加关注弱势群体利益，方便弱势群体更好地享用智能技术带来的便利，体现旅游产业人性关怀，强化社会公平。最后，智慧旅游应该因地制宜，结合当地自然人文条件开发旅游产品，更好地阐释和解说旅游目的地的自然、人文和社会风貌，与目的地旅游利益相关者共谋发展对策、共享发展成果，实现共同营销、共同服务、共同发展。

智慧旅游可以赋能于旅游业的可持续发展。传统旅游业的发展存在着资源浪费、环境破坏等问题，对旅游目的地的可持续发展造成了不良影响。而智慧旅游可以通过数字化技术的应用，对旅游资源、生态环境与设施设备开展动态监测和分析，科学评估人类的旅游行为对目的地资源、环境及生态的影响，构建旅游目的地的承载力模型，为旅游目的地的可持续发展提供决策参考，实现旅游资源的合理利用和环境保护，促进旅游业的可持续发展。目前，智慧旅游在一些城市已初步实现，构成了相较完善的智慧旅游体系，以广州市智慧旅游体系建设为例。

聚焦实例

广州市智慧旅游体系建设

广州市智慧旅游体系建设处于全国领先水平，现已建立起以五大系统为核心的智慧旅游体系。

广州智慧旅游云平台：该平台整合了广州市内的景点、酒店、交通等旅游资源，提供智能化的旅游服务，包括预订门票、导游服务、路线规划等，为游客提供便捷的旅游体验。

广州智慧旅游导览系统：该系统采用 AR 和 VR 技术，提供全景式的景点讲解和导览服务，游客可以通过手机或平板电脑使用该系统，实现线上线下无缝连接。

广州智慧旅游公交系统：该系统通过智能公交站点和车辆，为游客提供实时公交信息、到站提醒等服务，方便游客出行。

广州智慧旅游电子商务平台：该平台整合了广州市内的旅游产品和服务资源，提供在线预订、支付、评价等服务，为游客和旅游企业提供便捷的交易平台。

广州智慧旅游安全监测系统：该系统通过视频监控和智能化预警系统，实现对旅游景区、酒店、交通等场所的安全监测和管理，保障游客的人身财产安全。

第五节　数字经济治理

数字经济方兴未艾，不仅为经济社会发展带来了新动能，也为现有的治理体系带来了新挑战，如信息泛滥、虚假宣传等。如何规制数字经济发展造成的负面效应成为数字经济理论体系中的一个重要议题。数字经济治理需要国家在数字经济领域采取政策制定、法规管理、监管监察、技术标准制定、资源配置等行为和措施，以维护数字经济的健康发展，促进数字经济与实体经济融合发展，促进数字技术创新和应用，提高数字经济的质量和效益。

一、数权体系建立

（一）数权的定义

在数字经济中，数据资产是支撑经济发展的关键生产要素，是数字经济最本质的特征，因此数据安全是数字经济发展的基础和前提，数字经济治理需要加强对数据的保护和管理，防范数据泄露、滥用等问题。而要解决这些问题，根源在于数权体系的建立，明晰数权是规范数据法律制度的起点，也是构建数据安全保护体系的重要前提。数权即数据权属，也就是明确数据作为一种权利，其权利主体是什么，应该赋予何种权能，以及权利产生的利益归属问题如何解决。数字经济时代，数据并非无形物，而是对人格、财产、社会关系的具体表达，是具有财产属性、人格属性和主权属性的，明确数据权属能为数据保护提供理论支撑。

（二）数权的分类

1. 个人数权

个人数权是指个人对其数据的控制权和保护权，包括但不限于个人的身份信息、健康信息、金融信息等。这些个人数据通常是由个人自己或第三方机构收集、处理、存储和使用的。个人数权是隐私权的重要组成部分，是保护个人隐私的重要方面。在数字化时代，许多国家和地区都制定了相关法律法规来保护个人数据权。

2. 企业数权

企业数权是指企业对其拥有的数据享有的法律权利。这些数据可以是企业内部的数据，也可以是从外部获取的数据，包括客户数据、运营数据等。企业数权包括数据的所有权、使用权、处置权等。在数字化时代，企业数权的重要性越来越凸显。这些数据可以帮助企业进行市场分析、产品研发等多个方面的决策。因此，保护企业数权不仅需要国家制定法律，也需要企业建立完善的数据保护制度，确保企业数据的安全和合法使用。

3. 政府数权

政府数权所涉范围广、类型多，例如公共安全数据、环境数据、经济数据、人口数据等。政府数权最突出的特点是具有公共属性，不具备排他性和竞争性，展现出真实性和权威性，主要为公共事业提供数据支持。而数据公开、数据保护问题更加突出。

（三）数权体系的完善

我国在立法方面对数据权属问题予以了高度重视。在数据流动、数据交易、数据安全等方面实现了顶层设计，但仍未对数据权属规范进行细化，例如，数据是否需要赋权，数据权利主体是谁，数据权利包括哪些内容等，需要从法律层面完成认定和确权。

随着数字技术打破空间时间限制，数据的跨境贸易成为国际贸易的重要组成部分，跨境数权问题也引起了各国的高度重视。但目前我国还没有针对跨境数据方面的法律，我国需要在法律中明确跨境数据的主体及权利，并完善监管体系。

二、数字经济领域反垄断

（一）数字平台垄断危害

数字企业天生就具有垄断属性，而由于网络外部性带来的影响，作为数字企业通用组织形式的数字平台的垄断地位日渐强化。这些平台会利用其支配地位，采用不正当手段破坏市场经济。这些行为会给数字经济发展带来严重危害。

1. 损害创新

超级平台可以借助海量的数据优势，完成对于竞争对手的数据封锁，影响数据的流通和共享，严重削弱了数据的创新价值，损害了其他经营主体的创新可能。

2. 削减消费者福利

数字平台往往会利用其算法，通过对消费者行为数据的分析，采取各种方式完成对消费者行为的引导，使其产生错误认知，严重影响消费者决策。同时平台还会减少消费者与其他经营主体发生交易的机会，在事实层面减少消费者交易的选择权与变更权。

3. 提升监管难度

随着数字技术的不断进步，数据和算法的隐蔽性在不断增强，监管部门监管难度在不断增大，同时由于垄断行为多样，导致数据价值认定、垄断行为判断阻力较大，使监管部门很难发挥作用。

（二）我国反垄断现状

目前我国反垄断监管的主要法律依据是《中华人民共和国反垄断法》，该法是以定价能力来认定经营主体的市场力量。经营主体受产品价格变动的影响越小就说明该经营主体的市场力量越强，而在数字时代，面对双边市场的复杂局面，该标准已无法准确认定垄断行为。该法主要关注经济效率的提升，而对消费者权益的关注较少，很难对平台侵犯消费者福利行为进行规制。该法也主要是以事后规制为主，无法适应市场需求。

（三）反垄断措施改进

对于垄断平台的界定，不能再从其所占市场份额的多少来判断，而是从平台技术优势和流量掌握程度等衡量数据的指标着手来建立新的垄断判断标准。在审查垄断行为时，应重点对平台掌握数字资源进行核算。数字平台往往会利用其所拥有的数据进行分析，以确定竞争对手，同时利用其掌握的流量完成获利，反垄断的事前审查，需要对这些行为重点关注。

反垄断规则制定时需要建立主体规章制度，依照超大平台、大型平台和中小型平台①的主体判定标准来对经营主体进行划分，并对不同层次的主体分别明确其前置义务，包括互联互通、并购报告等，细化量化的标准，形成事前监管和事后监管相结合模式。

反垄断监管作为标准的事后监管体制，需要与常态化监管相结合。在反垄断程序启动前，常态化监管需要履行市场监管职责，而在反垄断调查启动后，监管体制主体、行业主

---

① 量化标准：年度用户活跃数 5 亿人次以上、核心业务涉及两个市场、市值在 1 万亿元以上为超级平台；年度用户活跃数不低于 5000 万人次、有显著的主营业务、市值不低于 1000 万元的为大型平台。

管部门和国家市场监督管理总局需要建立协同管理机制，完成平台治理闭环体系。

三、数据隐私保护

（一）经济发展与隐私保护的矛盾性

在数字经济时代背景下，数据成为经济社会发展的关键投入物，成为数字经济时代的核心资产。消费者个人隐私数据的经济价值得到了开发，企业利用各种智能终端、软件完成对隐私数据的收集并进行分析，助力企业经营决策。数据收集范围的不断扩大，严重威胁用户人身及财产安全。然而数字技术发展带来的数据采集，虽然在一定程度上损害了消费者的权益，也确实降低了企业的搜索成本、追踪成本，而消费者也能通过信息的检索，匹配到心仪的产品，极大地提高了资源利用效率。我们可以看出数字经济发展和消费者个人隐私保护之间存在天然矛盾，需要一个平衡点。

（二）现有隐私保护体系的不足

我国现有隐私保护体系主要建立在《全国人民代表大会常务委员会关于加强网络信息保护的决定》和《中华人民共和国数据安全法》之上，这些法律规章虽然明确了消费者隐私权的正当性，约定侵犯公民隐私权的情形和责罚情况，但仍然存在着不足。

我国隐私保护主要是事后监管，只有在个人隐私权遭到侵犯时，监管力量才会介入，同时对于侵犯行为处罚大多实施定额处罚或以营业额为处罚依据，而消费者很难因权利受损得到赔偿，这使消费者福利大大削减。同时法律制定重视顶层设计，仅从合理、正当角度出发明确原则，而对执法细节和对非法行为判定标准未做详细规定，导致了在具体执法标准上弹性较大，侵权边界的确认和监管介入标准较为模糊。

（三）隐私保护改进措施

个人隐私保护首先要对隐私数据权概念进行定义，明确隐私数据具有人格属性和财产属性，对企业侵犯隐私权行为判定标准进行细化。明确监管者侵权界定、处罚规制等职责范围，建立专门的消费者申诉和赔偿通道，利用企业赔偿机制对消费者受损权益进行补偿。

同时，为保障数字经济发展，建立统一的隐私数据交易市场，明确企业和消费者双方权益范围，建立以双边协议为核心的交易机制和产权机制，非法或超范围采集交易消费者信息应受违约处罚。

第三章　数字战略视角下的酒店管理

第一节　数字战略视角下酒店管理的数字化创新

一、数字战略视角下酒店管理数字化创新的必要价值

（一）酒店管理数字化创新有利于高效运营

数字战略视角下酒店运营服务需要不断地进步，原本负责酒店基本运营的员工也会面临更多的挑战和困难，需要承担更多的责任，因此保持高效的信息交流尤为重要，因为不论酒店采取何种运营方案，最终的成效都建立在员工的执行力上。而数字技术恰恰能满足高效交流的需要，帮助酒店管理者确保每位员工在收到信息和指导的同时，有更多的精力投入决策层面。

数字化可以让管理人员更加准确有效地传达指令，强调遵循安全运营大纲的重要性，鼓舞员工士气，从而有更多的时间来解决关键问题，如怎样在确保员工和顾客安全的前提下，扩大需求和缩减成本。

酒店经营管理者通过便捷的数据信息资源共享，能够为酒店建立更加全面的管理系统，并有效针对酒店的经营管理需求规划酒店经营模式，完善服务结构。数字技术带来的便捷的交流方式和高效的服务平台使信息（如相关的视频、问卷、小测验、安全方面的小窍门和注意事项以及一些举措上的更新等）实时发送给所有员工；也可以对酒店内部不同的职能部门，更有针对性地传达信息。对于外籍员工，多语言版本的平台亦将大大方便他们的使用和信息的获取。数字化确保了每位员工与酒店的紧密联系，明确了每项任务对应的负责人员。

（二）酒店管理数字化创新驱使员工做好情绪准备

酒店业无法承担大量的人员流失，酒店对待员工的相关举措将直接影响他们的心理。对此，酒店迫切需要运用各种数字化工具和渠道来表达他们对员工的热切关注，安抚员工情绪，积极向他们传达酒店运营情况，同时鼓励他们与其他工作伙伴保持交流。还利用这些数字化交流平台，经常在其他员工面前肯定他们的努力工作，甚至在经济上奖励他们。

如今，数字化是与团队沟通联系并将奖励延伸到员工的最佳方式，可以增强员工忠诚度并降低员工流失率。

（三）酒店管理数字化创新引领共享学习模式

将工作环境数字化的另一个好处是可以使一些酒店的最佳实践渗透至整个行业。这样，酒店可以集百家之所长，将这些经验持续不断地扩散至各个部门以及每个与顾客服务的接触点，并加强管理，确保新举措的实施，从而达到最佳的效果。任何不当或缺失的步骤都可能导致顾客对酒店的负面评论，而这是所有酒店都无法承受的。

没有人确切地知道未来的新常态是怎样的。为应对不稳定的境况，酒店管理者需要拥抱数字化的大趋势，更好地与员工以及顾客沟通交流。面对特殊时期降低成本的需要，应该对管理策略进行相应的改变。未来无疑掌握在数字化手中。

（四）酒店管理数字化创新为酒店经营推广提供多种渠道和广阔空间

对数据信息的有效发掘可以提升酒店掌握市场脉搏的能力，同样能够为酒店进一步开拓经营范围提供更多元化的推广渠道。大数据信息技术能够借助网络平台为酒店提供良好的信息宣传手段，通过网络信息平台实现酒店经营服务特色的有效宣传，可以为酒店扩大经营推广范围，并快速拓展全新市场空间。网络数据信息技术不受地域局限性的优势，能够帮助酒店建立更广阔的宣传平台，因此，酒店经营管理者可以借助大数据信息技术为酒店营销宣传探寻全新的路径。

（五）酒店管理数字化创新为酒店内部服务管理提供沟通交流平台

酒店的经营发展离不开完善的服务管理体系，建立系统化服务模式，能够提高消费者的入住体验，从而提高酒店的服务水平，实现酒店经营层次的有效提升。大数据信息技术能够实现酒店经营管理服务整体系统的建立，通过数字化信息管理模式，实现酒店内部服务管理制度化、规范化，并以此实现服务水平的全面提升。通过大数据技术建立酒店内部管理平台系统，加强各部门的沟通协调，能够有效保障各职能部门在实施服务工作时的统一管理规范。同时能够建立完善的客户服务档案资源，更好地为客户提供更加完善的全面服务，从而提高客户黏性，为酒店长久发展建立牢固的消费群体，实现酒店可持续发展目标。

二、数字战略视角下酒店管理数字化创新的宏观需求

（一）经济环境的发展导向

网络信息技术通过数字化移动终端设备迅速地普及，智能化、数字化已经成为当前社会发展的必然趋势。无论是在科技领域还是在经济领域，乃至未来世界的各个角落都将离

不开数字信息技术的应用。在全球都在关注数字信息技术的大环境导向下，任何领域都需要提升对数字信息技术的认识，转变行业发展模式思维，在不断变化的经济市场中必须做出改革创新。酒店行业作为服务类经营主体，以消费者需求作为服务目标的经营管理理念保障了酒店在行业中的竞争力。面对数字化的经济发展环境，凭借全新的数字技术应用实现智能化管理模式，能够更加准确地了解消费者的需要及喜好，从而更加有效地依照消费者需求提供相应的人性化服务，最终实现酒店经营发展的管理目标。

（二）酒店行业内部需求指引

随着经济社会的快速发展，社会消费水平的不断提高，酒店行业竞争越发激烈，酒店自身经营要想在同行业内占据有利先机，就需要把握住时代机遇，借助数字化技术完善酒店经营管理模式的改革创新。作为酒店经营管理者，应该具备准确的经济嗅觉，敏锐感知经济环境变化的整体趋势导向，并及时顺应市场需求指引，结合酒店自身管理发展需要，积极通过科技改革提升酒店经营管理模式的变革，才能够有效实现酒店经营发展的最终目标。当前社会，移动终端设备早已普及，网络信息数据资源不仅资源量庞大，并且时效性极强。借助时代环境的便利，为酒店管理寻求数据技术支撑，以此建立酒店管理智能化模式，已然成为酒店行业管理模式的整体需求导向。通过对数字信息的采集分析，能够帮助酒店经营者及时了解市场需求，掌握消费者偏好，同时借助网络信息平台的数字化交易渠道，能够扩大酒店经营收益范围。此外，数字化、智能化的酒店管理模式，能够促进酒店内部管理体系的有效完善。网络信息技术的便利有助于酒店内部管理体系的全面建立，进一步提高在服务过程中各部门的有效协调，从而实现酒店整体服务体系的优化和完善。由此分析，酒店管理的数字化、智能化改革是时代发展的需要，是现代酒店行业持续经营的必然趋势，更是酒店经营管理者需要及时明确的经营管理理念。

三、数字战略视角下酒店数字化管理的必然趋势

（一）快速掌握市场环境

网络数字信息时代的重要优势是海量的数字信息资源。酒店管理者借助这些数字信息资源，能够快速了解市场行情，为酒店建立合理的经营策略提供信息保障。面对市场经济环境的不断变化，要想在激烈的行业竞争中占据优势，就需要对行业内部的经营趋势有充分的掌握。数字化信息管理技术，能够通过对网络信息数据进行有效采集，并通过科学化手段的合理分析，为酒店经营管理者提供当前市场行情的准确信息，帮助酒店迅速调整营销手段，积极建立有效营销方案来应对市场环境情况的变化。酒店经营管理借助信息化技术及时调整管理服务，顺应市场需求，可以有效提升营销收益。

（二）借助网络平台构建全新营销渠道

数字技术发展促进了移动终端设备的普及。当前网络营销模式已逐渐成为主导方式，酒店经营管理模式如果始终停留在传统思维中，必然会错过时代变革的先机。为了顺应数字化市场发展趋势，需要建立便捷的网络经营平台，为酒店经营管理提供全新的营销途径。不仅如此，消费者能够提前通过网络信息及时了解酒店的服务管理水平，在入住前明确酒店服务模式，并通过网络信息平台及时与酒店有效沟通，不仅能够提高消费者与酒店交易的效率，还能提高酒店服务模式与消费需求契合程度，有效提升消费者在入住后对酒店的满意程度，并再次通过网络信息平台为酒店服务创造良性消费评价，以此形成酒店经营管理模式的良性循环结构，为酒店管理服务层次的有效提升起到积极的作用。

（三）借助网络平台扩大营销范围

酒店经营管理模式实现信息化转变，能够帮助酒店了解当前消费群体喜好，并有效判断当前消费趋势，从而帮助酒店改善服务模式，顺应消费者喜好。不仅如此，网络信息的快速传播，能够及时将酒店相关信息迅速地通过网络平台广泛宣传至消费者层面。通过网络信息宣传平台的积极推广，消费者对酒店服务建立良好的消费印象，改善酒店营销宣传的局限性，以此扩大酒店面向的消费群体范围，为酒店长远经营发展建立更广阔的空间。因此，实现酒店信息化管理模式将成为酒店全面改革创新的发展趋势。

第二节　数字战略视角下酒店管理的发展成效

一、数字战略视角下酒店管理对数字技术的应用

（一）对客服务

酒店服务质量直接影响顾客忠诚度，数字技术可以提升酒店的硬件设施质量和服务水平。线上预订是利用互联网、计算机技术等，实现信息推送、订单核实、线上支付等功能；智能停车场是将机械、电子计算机和自控设备以及智能 IC 卡技术有机地结合起来，实现车辆图像对比、自动收费、存储数据等功能；智能机器人是运用多传感器信息融合技术、导航与定位技术、路径规划技术等，为顾客提供搬运行李、办理入住、派送餐食、信息问询等服务；智能家居是运用 AI 感知技术、微电子技术、无线通信技术等，实现手势、人脸识别、App 触屏、语音、按键等多模态酒店家居控制方式。

（二）对内管理

数字技术除了可以应用于消费端，还可以应用于酒店的内部管理之中。酒店可利用物

联网平台所提供的历史大数据和云计算，对未来的需求进行预测，以在酒店定价、产品供给、发展战略等方面进行科学的决策；利用无线连接技术、语音识别技术、数码成像技术、二维码打印技术等提高酒店产业的供应链管理水平，以缩短现金周转时间、降低企业风险、实现盈利增长、提供可预测收入；利用AI技术、自动化技术、物联网技术等实现酒店组织架构数字化、沟通数字化、协同数字化、业务数字化等多方面的工作实践数字化，以打造敏捷快速、决策高效的组织方式。

（三）对外营销

在酒店业不同的发展阶段，各种服务营销管理举措发挥着不同作用，在数字经济时代，利用数字技术赋能酒店营销成为新潮流。可利用大数据平台，对线上旅游平台、酒店集团的经营数据进行分析，找准目标市场，实现广告精准投放；利用AR、VR技术，为顾客提供客房及酒店其他设施的3D立体投影影像，实现在线360度全景看房选房，建立酒店与顾客之间的联系与互动；利用互联网平台整合酒店的UGC资源，建设酒店软营销，以提高顾客忠诚度，激发潜在消费。

二、数字战略视角下酒店管理的新特点

（一）核心产品升级

酒店的核心产品是客房和服务，融入数字技术的酒店产品可以弥补传统酒店产品的不足。智能窗帘、智能音响、智能床垫、智慧化工程及辅助设置等硬件设施的应用，为顾客提供了更加舒适便捷的住宿环境，提升了他们的住宿体验，客房成为展示现代科技、体验时尚家居的智能化服务场所。数字技术的应用使智慧化客房和餐饮服务、智慧化入住、智慧化信息服务成为可能，酒店可以提供有针对性、特色化的对客服务，满足顾客的个性化、焦点式、延伸性的需求。互联网评价系统的普及对酒店服务起到监督作用，使酒店服务更加规范，促使酒店提升服务质量。

（二）住宿消费场景重建

“场”即空间和时间，“景”即情景和互动。在数字经济时代，智能设备的广泛应用使人们的时间更加碎片化，消费行为在现实与虚拟的网络世界中交织发生。数字技术的应用打破了住宿时间和空间的限制，为顾客提供了更加灵活、更加人性化的服务。例如，传统的酒店入住办理通常在前台完成，且办理时间较长，智能机器人的引入方便顾客在入住终端机或手机移动端上自助办理入住，甚至无须办理入住手续，直接到达客房。同时，数字技术的应用使酒店环境及产品设计更多围绕用户的实际情况和消费习惯展开，酒店的科技感与智能化水平有所提升，酒店与顾客的互动不只停留在人员互动上，还增加了预订时的顾客偏好信息收集和入住后的实时消费反馈等内容。

（三）市场营销更加有效

传统的酒店营销方式有陌生拜访、电话销售、团队签约、散发单页、邀约参观、机会营销等，这些营销通常是面向大众或某一群体的，存在成本高、效率低下等问题。有了大数据的帮助，酒店可利用沉淀的数据对顾客进行再次触达和营销，针对不同顾客的特点与需求实行精准化营销，利用互联网快速高效的优势，为顾客提供及时准确的酒店信息。除此之外，互联网还打破了原来单向营销的模式，酒店可通过公众号评论、游戏、短视频、直播等方式与顾客进行沟通，实现双向互动式营销，这种营销方式能够有效减少顾客对酒店广告的反感程度，增加品牌亲和力。数字技术使酒店营销不再是一次性的工作，而是一个连续追踪的过程。

（四）人力资源结构优化

传统的酒店业是劳动力密集型行业，随着数字技术进入酒店业，部分一线的对客服务工作被智能设备和机器人取代，如客房清洁人员、餐厅服务员、行李员、前台接待人员等，而幕后操纵和维护酒店智能设备的 IT 技术人员数量有所增加，酒店业中的高素质人才比例增加。随着我国人口红利的消失，酒店中应用数字技术能够有效降低“人房比”，一定程度上解决了长期困扰传统酒店的人力成本高的难题。在未来，酒店更鼓励员工成为技术化运营的参与者，精通数字科技，以更好地服务顾客。同时，互联网和大数据技术的普及，可以使招聘信息与求职信息更加透明，从而提高员工的岗位匹配度，降低酒店离职率。

（五）信息数据库转变

在小型机和 PC 时代，PMS 系统是酒店的主要数据库，大型的酒店都会接入此系统或建立自己集团内部的相似系统，PMS 系统中的数据有：酒店客人的基本信息、入住记录、房源状态、房价数据、酒店业绩、财务报表等。在当今的数字经济时代，智能系统大规模应用于酒店，而 PMS 系统难以处理海量的信息和数据，因此逐渐被物联网数字化平台所取代，具有高效数据整合能力的物联网数字化平台成为酒店业的主要数据库。物联网数字化平台中的数据有：客人行为、客人喜好、酒店设施运营实时状况、与酒店外部相关的系统连接的数据等。

（六）住宿新业态涌现

数字技术通过为酒店业提供技术支持，促使酒店业内部及外部不同生产要素组合优化升级，掀起了酒店业的创新思潮，在此过程中推动了酒店产业的转型升级，催生了一些住宿新业态。如，洲际酒店集团与百度公司共同打造，利用人工智能技术，实现智能建筑、智能场景、智能家居及生活管家功能的智能酒店；华住酒店集团推出易掌柜、易支付、易客房、易发票“四大发明”，使酒店成为从前台入住到后台客房的管理都借由移动化 App 和智能设备来完成的智慧酒店。

三、数字战略视角下酒店管理的变化

（一）酒店行业的经营环境逐渐出现转变

数字经济时代的到来，促使网络信息化广泛普及，影响着社会生产生活各方面。对于各行各业都有着颠覆性的改变，同样地，酒店行业也遇到了全新的机遇与挑战。移动终端设备已经实现了普及应用，网络信息化的科技便捷早已成为人们的日常生活方式，通过数字信息化平台在网络空间能够实现各种买卖订单的操作，这种生活方式已经被人们逐渐适应并依赖。因此，酒店行业面对新型的市场经营环境，需要快速适应，及时转变酒店自身的经营模式，顺应时代发展的改变，积极借助网络信息化技术的便捷优势，为酒店的继续发展找到全新的管理模式，以此提高酒店在行业内的可持续竞争能力。

（二）酒店行业的营销渠道出现多元化发展

网络信息化平台的经营模式，是数字经济时代出现的全新营销模式。数字化信息的海量资源为酒店行业带来了更加多元化的营销宣传渠道，借助网络数字平台可以扩大酒店营销信息的宣传空间，不仅能够为酒店宣传起到积极的作用，还能够为酒店开辟全新的营销平台。网络信息化营销平台更加便于消费者对酒店的服务环境及酒店风格进行充分的了解，并再次通过酒店的网络信息平台与酒店服务终端进行沟通交流，最终实现网络预约订单。网上预订具有快速简捷的可操作性，同时，能够不受地域环境等空间距离的限制，能够为增加酒店的营销渠道、拓展消费人群起到更加便捷的作用，以此促进酒店经营范围的扩大。

（三）酒店行业内的竞争环境将会更加激烈

数字经济的数字信息化所带来的海量资源，不仅能够为酒店及时了解市场环境，充分掌握消费者偏好提供了便捷渠道，在同行业间的营销手段促销策略上也能够相互及时掌握，因此，必然造成酒店行业间营销竞争的愈演愈烈。网络信息化平台的便捷手段，是酒店吸引消费者的营销优势，也是消费者在进行消费前选择对比的必然途径。在网络平台上对酒店行业内不同酒店的服务环境、经营特色及消费价格进行充分比对，有助于消费者实现更自由的消费选择。与此同时，也加大了酒店行业间在网络平台上的竞争。这对于酒店经营管理模式提出了更高层次的要求，酒店管理者需要充分了解市场行情，掌握消费者喜好的同时积极调整服务风格，并及时比对同行业间的营销策略，以此作为参照来策划酒店的促销模式。由此可见，网络信息科技时代带给酒店行业的竞争环境的，既有便捷的技术优势，也有信息化时代的特殊挑战，同时，通过酒店行业内部的竞争进一步促进酒店行业的不断发展。

第三节　数字战略视角下酒店管理面临的问题

一、酒店管理制度的问题

（一）管理制度落实不足

随着数字经济的高速发展，我国酒店业呈现飞速发展趋势。尽管如此，酒店内部管理仍存在大量问题亟待解决，其中最重要的便是管理机制的落后。为提高管理水平，我国酒店业发展往往直接借助于国外成功的酒店管理机制，而我国同西方国家在历史文化、思想观念以及行为习惯等方面存在巨大差异，照搬西方酒店的管理制度往往会导致其“水土不服”，无法有效发挥其积极作用。此外，虽然数字化为酒店内部管理带来了极大的便捷，但基础设施落后也是当前酒店管理效率低下的重要因素。完善基础设施能够提高酒店整体的服务质量和管理水平，为消费者提供优质的服务体验，而完善基础设施就必须具备强大的资金供给。当前，大多数酒店缺乏足够的资金供给，导致基础设施较为落后，得不到有效的升级、完善，因而无法满足消费者多元化需求，无法带给其优质的酒店体验，因而在市场竞争中未能形成核心竞争力。

（二）服务意识培养不足

我国现代酒店业发展起步晚，发展时间同西方国家相比较短，故而在服务意识等方面尚不成熟，未形成一套完整的思想体系，未能够为其发展提供正确的指导方针。例如，现代酒店业是一项服务行业，重视对客服务质量，而我国大多数酒店仍然将发展重点放在装修、装饰等显性基础设施上，而对服务意识等隐性文化软实力培养不足，导致其服务质量较差，服务细节较为粗糙，无法为消费者提供体贴、周到的服务。

（三）管理制度体系不完善

若要在行业内部激烈的竞争环境中始终保持核心竞争优势，酒店在经营管理过程中就应该建立并完善整体管理结构制度体系。酒店的整体规范发展需要一套具有科学规划的经营管理构架，并根据酒店的发展目标构建完整的管理制度体系，从而提升酒店在经营过程中各环节的有效控制，提升各服务阶段的服务水平。当前大部分酒店在经营发展过程中缺乏明确的发展规划，并未建立具有战略性发展眼光的内部管理制度，导致酒店在整体经营过程中各阶段的服务水平缺乏必要的协调性，难以为客户提供更完善的服务体验，这些经营管理中的不足之处限制了酒店的长期发展。酒店为了实现长远发展的经营目标，需要借助完善的管理制度体系，调整酒店整体经营管理结构的科学性，实现酒店整体服务的全面协调管理，以此提升整体服务管理的层次水平，增强酒店行业竞争能力的提升。

（四）管理制度与经营活动脱节

管理工作需以实际经营为基础。酒店日常管理工作内容非常繁杂，其中涉及资金、物资的方面较多，项目较杂，具有多元化特点，给财务会计和内控管理工作带来挑战。酒店经营上的灵活性，导致许多内控制度无法得到有效的执行。酒店企业经营情况变化较快，具有明显的淡旺季特点，预算的难度较高。随着市场的变化和酒店企业的经营策略、业务类型变化，原有的管理制度发挥的作用也会降低。这容易导致内控管理与实际运营情况脱节，难以达到良好的控制效果。而许多酒店还存在预算编制不完善的问题，缺乏长远的规划和战略发展目标。这导致相关管理工作缺乏目标的约束，在预算编制执行过程中也缺乏监督考核，执行不严，预算编制流于形式。

二、酒店服务质量的问题

（一）酒店管理与服务同质化

在数字战略视角下，酒店行业随着网络时代的发展进行革新，但是部分酒店仍采用传统管理和服务模式。传统模式大多存在的问题可以归结为以下几个方面：酒店管理体制落后、行业市场敏感度低、同质化问题严重等。酒店在革新过程之中缺乏个性，消费者在体验服务的同时没有体会到不同酒店该有的个性化服务，这一问题直接导致酒店很难给消费者新的“记忆点”，而我国目前的酒店管理和服务模式大多存在同质化问题，很难在发展过程中开发自身的“记忆点”，因此便很难给酒店发展形成固定客源，也就是所谓的“回头客”。

（二）酒店管理和服务水平不能全面满足消费需求

对于任何服务行业而言，管理和服务水平能否满足消费需求，是决定经营发展是否能够实现长期发展的核心实力。酒店是为了满足社会基本需求的服务行业，所面对的消费群体是各行各业的消费人群，消费需求多种多样，而酒店的服务者大多数是没有经过高等专业教育的普通劳动人群。因此，可能会出现消费需求较高的消费者在酒店消费过程中与服务人员交流存在理念差异的情况，直接影响了服务质量，造成消费者服务体验不够良好，影响酒店服务评价。造成这一弊端的主要原因是酒店服务岗位的人员技能要求不高，基本服务岗位人员流动频繁，酒店整体管理过程中未重视基层服务水平的提升，影响了酒店经营管理和服务水平。为此，酒店需要完善岗位培训管理工作，并实现内部信息化平台的创建，积极在酒店内部实现信息化宣传模式，增强内部员工的岗位责任意识，加强员工对酒店管理理念的了解，并通过完善的信息化监督实现岗位责任制度，从而推进酒店管理控制水平的整体提升。

（三）数字技术与酒店管理和服务结合不到位

在数字技术飞速发展的过程中，只有把数字技术与酒店的管理和服务有效结合才能发挥网络的优势，促进行业的发展。现阶段，我国居民在外出前大多会提前通过手机、电脑等数字技术手段来查看目的地的酒店，安排住宿，而在预订酒店这一环节，人们大多会通过对比最终选择性价比较高的酒店，因此只有管理和服务与网络深度结合才能够在一定程度上增加酒店的客源，酒店管理者也能够判定出最易被选择的装修风格和服务以及客户的评价信息，在后期发展中通过该评价信息来进行酒店内部整改。而当前我国部分酒店仍然采用传统管理理念，没有对酒店员工进行数字技术的相关培训，员工缺乏使用网络信息技术的意识，最终造成酒店管理不当而缺乏市场竞争力。此外，酒店如果不能与数字技术同步运营，也会造成酒店管理和服务发展机制停滞不前。因此，在酒店发展的同时一定要深度融合数字技术。

（四）酒店服务人员专业性不够

随着我国社会经济的发展，酒店行业发展越来越快，对酒店服务人员的需求相应增多，而除了重要职位以外，大多数服务人员文化程度偏低，专业知识技能不高，这就造成了我国当前酒店服务人员专业性不够的局面。如果不能尽快解决这一问题，酒店便很难实现长远的发展。

（五）酒店卫生条件仍需改善

随着数字经济的发展，酒店内部卫生条件问题也逐渐暴露在大众视野下。例如，某某酒店被曝光卫生不合格或藏有针孔摄像头等不良新闻。这些报道使人们在对酒店进行选择时慎之又慎，对酒店住宿卫生条件的要求也越来越高。大部分客户会将住宿环境卫生作为选择酒店的基本条件。因此在数字经济高速发展的时代下，酒店一定要做好自身管理和服务，只有卫生、安全达标才能被行业市场所接受，实现酒店行业的可持续发展。

（六）酒店服务管理整体水平有待提升

酒店行业作为基层服务行业，日常服务过程中所涉及的服务内容基本为操作较简单的劳动技能，因此，此类岗位的工作人员大部分来自基层劳动者，不具备高等学历，无法对酒店服务经营建立明确的理念认知，导致酒店基层服务水平难以实现有效提升。不仅如此，由于对工作技能要求不高，基层服务岗位人员流动性较高，这也是酒店基层服务岗位整体管理水平很难提升的重要原因。

三、酒店人力资源管理的问题

酒店业作为旅游服务业三大支柱之一，其发展速度快，开放程度高，并且与国际接轨，所以酒店业的发展也是很多人关注的问题。对于酒店类型的企业来说，其快速发展离不开人的努力和支持，主要表现在两个方面：一是高素质的员工服务为酒店吸引了越来越多的客源；二是客源数量的不断上涨给酒店带来了巨大的经济效益。总之，人推动着酒店业的发展，但是在这个发展过程中也存在着以下问题。

（一）人员管理体系不完善

1. 基层工作人员招聘难度大

酒店的基层工作人员大部分为中年女性，此群体的体力相对有限，工作效率和酒店发展需求不相匹配。此群体需兼顾家庭，在酒店长时间工作相对较难。而酒店基层人员负责的工作主要是换洗、打扫等体力活，工作时间相对较长，福利待遇较差，社会地位较低。加之新时代下群众生活水平越来越高，愿意从事此类工作的人员不断减少，如此导致出现基层人员招聘难的问题。

2. 人员管理手段和观念比较落后

虽然很多酒店都设置了人力资源管理部门，但也只是停留在形式上，在管理理念上还是沿用传统的“人事部”，负责酒店所有的人和事，而且管理者与员工之间也被简单定义为雇用与被雇用的关系，雇用和选拔员工也只是为了保持酒店的正常运转，在管理手段和理念上存在以下问题。首先，忽视了员工的个性化及差异化管理。在招聘员工时并没有关注到求职者的个性以及与岗位的匹配度，只要求职者基本要求达标，就给予其工作的机会，个人能力与岗位不能完美适配。其次，只重视酒店的盈利能力，忽视了员工的需求。员工入职后，需求得不到满足，潜力得不到发挥，工作强度大或者薪资达不到期望值将导致员工进一步丧失对工作的热情，不能很好地服务，最终再次离职，使人力资源管理工作进入恶性循环，不利于酒店的长期稳定发展。最后，将人力资源看成酒店的一种成本支出和负担，低成本的付出使人力资源的质量得不到保证，导致酒店的发展步伐缓慢。

3. 不注重员工职业生涯设计管理

酒店人力资源管理部门有关心与鼓励员工发展的责任，并应助力员工制订发展规划，同时做好督促员工的工作。这样不仅能促进酒店更好的发展，也让员工有归属感，充分提升工作积极性，为酒店经济效益增加提供保障。但大部分酒店未能帮助员工对职业生涯进行规划，这也是员工流失的关键原因。同时，酒店并未制定完善的制度，为员工职业生涯规划管理提供保障。很多员工在某个岗位工作多年，表现也非常不错，但没有晋升的机会，导致员工积极性严重受挫，不得不跳槽实现个人理想。

4. 从业人员文化素质偏低

酒店业的门槛普遍较低，对从业者没有较高的文化素质要求，因此该行业中有很多文化素质不高的劳动力。从业人员文化素质不高，是阻碍酒店业持续发展的关键因素。在全球经济一体化发展的背景下，酒店从业人员除了语言国际化外，文化水平、服务意识等也应朝着国际化方向发展。现如今，很多星级酒店中入住众多境外商务旅客，这些旅客普遍文化素质较高，对服务也有着较高的要求。若从业人员素质不高必然会对客人满意度造成影响，继而出现客源流失的问题。

5. 员工培训与人力资源开发不到位

培训是酒店人力资源管理的一项基础性工作，可以积极引导员工的行为，从而为顾客提供更优质的服务。很多酒店都有比较完善的培训体系，但是实际情况是培训工作没有受到足够的重视，培训计划的执行力度不够，而且培训内容不能根据酒店实际情况更新，所呈现出来的结果是员工的参与度不高，培训工作达不到预期的效果。员工上岗前往往得不到系统的培训，欠缺必备的职业技能，增加了在日常工作中出错的概率。

6. 员工流动性相对较大

如今很多酒店都存在员工流动性较大的问题，这给酒店业的发展造成很大的阻碍。之所以流动性较大，主要包含下述几个原因：一是大部分员工并未充分认知服务业的价值。因历史文化等方面的因素，很多人认为进入服务行业只不过是权宜之计，若有其他机会便会立即转行。二是员工收入和自身期望差距很大，酒店服务人员和其他很多行业从业者相比薪酬偏低，但大多为体力劳动，劳动量较大。三是员工不认同酒店文化，还有很多酒店并未形成酒店文化。缺乏企业文化，员工凝聚力自然极弱，跳槽的概率也相对较大。

（二）薪酬及绩效管理缺乏创新

1. 薪酬管理缺少竞争性与战略性

薪酬是员工基础生活的保障，薪酬高低影响着员工工作的积极性。薪酬主要以工资和福利为主，奖金和津贴是辅助薪酬。调查发现，超过六成的员工对酒店的薪酬不满意。很多基层员工认为自己的薪酬与工作强度不符，他们的工作强度大，而且还会时不时被安排加班，加班费没有得到及时补偿，所以基础薪酬应该增加。还有员工认为平时工作量大，假期较少，额外津贴不高，请假困难。在工资水平低于预期的情况下，员工对未来的工作便不再可期。

2. 绩效评价体系不完善

如今各大酒店都在提升对绩效管理工作的重视度，且还专门构建绩效评价体系，但因众多客观问题影响，使评价体系不够完善，实际的作用无法充分发挥。例如，某些酒店建立自上而下的评价体系，体系评价标准由酒店总部统一制定，各分公司负责执行，执行机制过于僵硬，柔性特征严重不足，没有综合考虑工作人员的态度及建议，加之监督机制不完善，使短期绩效评价与酒店长期战略出现分离现象，分公司在绩效考核工作开展时，以利益和考核结果作为关注重心，未意识到考核工作本质所在，不重视企业文化管理，使考核结果无法保障客观性。

3. 缺乏科学的激励机制

激励机制是企业吸引人才、留住人才、发展人才的关键所在。绩效管理是管理者与员工通过持续开放的沟通，就组织目标和目标的实现方式达成共识的过程，通过绩效考核对员工进行有针对性的奖励和惩罚，可以保留、激励员工，持续培养和发展员工。目前，大多数酒店都实行绩效考核制度，与员工薪酬挂钩，目的是实现能者多劳、多劳多得。如今，大多数酒店都把激励机制当作人力资源管理的主要支撑，并且通过提供优厚的员工福利待遇与制定详细的制度体系来激发酒店员工的上进心，加强酒店员工对酒店的归属感。但是，一些酒店激励机制的质量与激励机制的执行存在一定的问题。

第一，惩罚的力度太大，激励的力度不够，造成酒店的激励机制失去了原有的人才激励作用。具体来讲，就是在严苛的惩处制度下，酒店工作人员承受着非常大的心理压力，不愿意把自己的职业发展和酒店的发展结合在一起。

第二，在激励内容上，大部分酒店只关注到了物质激励的方式，但是忽略了员工的心理需求，员工对酒店的认同感和归属感并没有因为一些物质激励而得到提升，而且以物质激励作为主要的激励方式必然会造成酒店员工对物质激励过分依赖，只要酒店取消了物质激励或者物质激励的力度不大，就会严重打击酒店员工的工作积极性，对酒店的健康、可持续发展非常不利。

第三，绩效指标制订的标准过高，员工“踮起脚尖”也难以实现；制订的标准过低，则“躺赢”。这两种情况都无法激励员工工作的积极性。此外，在考核过程中，考核人的主观判断占据很大比重，缺乏数据支撑，很难让员工信服。而且许多酒店在进行考核时，缺失面谈环节，员工不知道如何提高工作质量。还有一些酒店固定薪资和浮动薪资比例不合理，总体薪资偏低或未起到激励作用。

（三）人力资源供给与结构不均

1. 酒店人力资源供给与发展需求不一致

近年来，酒店行业如雨后春笋般崛起并得到了快速的发展，酒店企业之间面临着激烈的市场竞争。但是，大多数酒店运营的时间都不长，人力资源管理环节非常薄弱。对人力资源管理的规划、结构的分布、工作人员的整体素质以及对工作人员的招聘、培训、激励和薪酬等方面存在着很多问题。

人员流动比较大。服务行业社会地位低，高端人才引进困难，中层管理人员抱着“跳一跳、涨一涨”的心态外流，基层员工流动性大，员工素质参差不齐，管理难度大。酒店员工的高流失率一直都是困扰酒店管理者的难题之一。

2. 酒店人力资源结构分布不平衡

酒店既需要具有高效操作能力的服务型人才，又需要具有大量知识、智慧和决策能力的管理人员。酒店业的发展需要引进素质比较好、专业基础比较扎实的高素质人才，但是，目前许多酒店缺乏高端的管理人才，特别是善于创新、懂得经营的复合型管理人才。

国内大多数酒店都存在人员结构不合理的情况，部门岗位的安排不够清晰明确，主要体现在以下几个方面。第一，专业结构不合理。酒店专业出身的高素质人才千金难求，管理层的优质人才也是供不应求，因此在酒店的管理上存在缺乏创新理念、视野不够开阔、管理思路不够清晰等诸多问题，制约着酒店更深层次的发展。第二，层次结构失衡。大多数酒店员工的年纪都比较大，年轻人极其匮乏，他们在接受新事物和新的管理方式上，都不够积极主动；对于服务行业，员工年纪偏大可能会导致服务水平老化、工作效率偏低，创新意识更是跟不上社会的变化，这些都不利于酒店的转型和发展。第三，能力结构不匹配。主要表现在员工自身能力与所在岗位的不匹配，比如底层员工中有很多潜力巨大、有勇有谋的年轻人因为工作经验不足或者缺少晋升的机会和渠道而无法承担与能力相匹配的责任，还有部分管理者因为不合理的职位晋升处在自己能力范围之外的岗位，这些情况也严重阻碍着酒店的发展。第四，厨房是酒店人力资源管理的空白处。酒店经营过程中，餐饮是极为关键的经济来源，其经营成败和酒店业绩息息相关、优质的餐饮产品是决定酒店餐饮经营效果的关键因素，因而对厨房人力资源进行管理非常重要。很多酒店厨房都是师徒相传的传统模式，家族色彩极为浓厚，此种体制稳定性较强，管理工作做到位的话，也可保障有较好的执行力，但此种体制之下，徒弟要超越师父非常困难，也难以促进酒店餐饮产品的创新发展。更为关键的是，如今的厨房体制当中，厨房员工的聘用基本是由行政总厨或厨师长掌控的，酒店人力资源管理部门基本不会介入厨房管理中，导致厨房成为管理的空白处。

四、酒店营销策略的问题

（一）营销渠道有待创新和丰富

当前，部分酒店局限于传统营销渠道，未能结合酒店运营环境条件与时俱进地创新应用新型营销渠道，不利于酒店营销效果的提升。详细言之，酒店在营销管理实践中，所用营销方法绝大部分是多途径预订，且销售模式以旅行社合作分销、酒店自身推广代销等方式为主，难以满足当前广大消费者多元化的实际需求，不利于营销效果的提升。但是，在数字战略视角下，基于数字化技术应用的新型营销方法层出不穷，如全球分销系统。但是，酒店管理人员由于根深蒂固的落后工作思想，未能与时俱进地认识到新方法推广应用的重要性和必要性，进而在实践中坚持沿用传统的营销渠道，不利于酒店管理工作的进一步发展。数字化技术发展及其在营销管理实践中的广泛使用，使酒店营销管理工作既面临新的挑战，也迎来了新的发展机遇。在此背景下，酒店管理人员在实际的营销工作中，若坚持使用传统营销方法，则无法应对数字化时代的酒店营销工作要求，如此一来会影响酒店营销能力的提升，不利于酒店的可持续发展。进入数字化时代，酒店管理人员可以基于数字平台挖掘有价值的消费者数据，据此优化营销活动方案，从而有效提升营销效果。但事实上，酒店管理队伍中具备数据分析能力的人员相对较少，导致借助数字平台展开酒店营销活动具有一定的难度，不利于酒店营销效果提升。

（二）缺乏品牌特色

品牌特色及酒店品牌定位对酒店营销产生了深远的影响。若在实际的酒店营销环节，酒店管理人员未能准确定位酒店品牌，忽视对酒店特色的塑造，则会影响酒店营销效果，甚至影响消费者对酒店的客观评价。具体言之，酒店管理者在营销过程中，应基于酒店特点来合理定位酒店消费水平，且基于市场发展形势制定出科学合理的政策，为酒店发展提供助力。除此之外，酒店管理人员在营销中，若无法正确处理酒店的竞争与合作关系，同样会对酒店的长远发展产生不利影响。酒店在产品服务中，若未能结合消费者的多元化需求延伸开发服务产品，一定程度上影响消费者的消费体验感。通常，对于酒店而言，延伸服务产品本身是一种附加利益，但对于消费者而言是服务范围外的超值体验。正因如此，消费者在消费中，往往会热衷于酒店的延伸服务产品。因此，酒店在营销活动中，开发延伸产品来打造品牌特色，才能不断提高酒店影响力和竞争力，进而才能实现长远发展。

（三）营销团队专业素养有待提高

营销人员是营销活动的具体制订实施者，其能力素养与营销管理效果息息相关。因此，酒店建设一支高素养的营销团队具有重要的意义。但是，当前酒店管理人员在营销实践中，由于缺乏专业素养而忽视对酒店市场形势的研究分析，往往一味地模仿其他酒店的营销策略，导致酒店营销效果不尽如人意，不利于酒店的长远发展。当前，酒店管理团队专业素养问题，总结包括以下几点。

1. 酒店基层人员缺乏营销管理意识

全员营销是提高酒店营销效果的关键所在，这意味着酒店全体职工应始终牢固树立营销服务理念，积极主动参与营销服务，才能在酒店内部营造人人参与、人人热衷营销的良好氛围，进而在真正意义上提高营销服务水平。但事实上，绝大部分酒店基层职工缺乏这种意识，单纯地认为只要在岗位上做好本职工作即可。除此之外，全员营销模式在酒店营销实践中的推广，要求酒店职工在遭遇问题时，要及时根据实际情况来制订有效措施予以解决问题，但是对于基层员工来说，由于其岗位等级较低，在实际工作中缺乏相应的管理权限，需要经历上报、授权等程序，才能采取措施进行处理，这样会延误问题最佳处理时机，不利于酒店营销服务效果的优化提升。

2. 缺乏营销激励机制

全员营销的核心在于全员参与营销工作。但是人都是独立的个体，在实际的工作中，要自觉参与到某项工作中，则需要一定的内驱动力。因此，制订并实施营销激励机制，才能激励全员参与营销活动。但事实上，酒店在营销激励机制制订时，服务对象以营销人员为主，且激励方式以物质激励为主，意味着其他人员在工作中即使有着良好的营销表现，也是不被酒店认可的，长期如此，酒店基层职工将逐渐丧失参与全员营销的主动性，不利于基层员工营销意识的培养，还对酒店全员营销策略的实施构成了阻碍，不利于提升酒店营销效果。

3. 营销人员缺乏较高的营销能力

就酒店营销管理队伍建设而言，酒店营销人员的选聘以老员工为主，极少面向社会招聘专业的营销人员。而酒店老员工严重缺乏营销经验，营销意识薄弱，这使营销管理工作难以实施到位，且所提供的营销服务难以满足消费者多元化的实际需求，不利于消费者消费体验感的提升，从而可能影响酒店的营业收入。

第四章　数字战略视角下的酒店服务质量管理能力的提升

第一节　酒店服务质量概述

消费者与员工、产品交往互动中产生的服务，其生产和消费是同步的，是一种无法保存的无形产品。服务质量因服务提供者而异，所以促进服务水平的提高就需要对服务提供者进行有关服务方面的培训。酒店服务质量是企业获得竞争力的重要因素。服务过程也是顾客服务体验的重要部分，它体现了顾客从来到酒店前台到办理入住乃至结账的所有活动及与服务员工的接触。这些活动构成了一条服务链，每一环节都将影响顾客的服务感知。

一、酒店服务质量定义

（一）服务质量

酒店服务的质量因供应商的不同而有很大的差异。目前，许多学者都在界定服务质量，并归纳出其特征如下。

第一，主观性。由于服务是无形的，相对实体产品来说，使用效果很难衡量，所以服务质量表现为消费者的主观感受。

第二，过程性。与实体商品不同，服务表现为消费者的一个过程，消费者对服务质量的认知表现在服务的整个过程中。

第三，差异性。同一服务，各消费者对服务质量的评估也不尽相同，甚至随着时间的推移和环境的改变，同一消费者对服务质量的认知也会有差异。

第四，互动性。服务提供者与消费者的互动沟通，可以极大地影响消费者对服务质量的预期。

（二）酒店服务质量

消费者选择酒店，首先会关注服务人员是否能够积极主动热情地为消费者提供服务、服务人员服务过程是否专业。酒店服务质量是指酒店是否能够提供值得消费者购买的产品和服务，以及消费者对服务过程和结果是否满意的最终评价。酒店服务质量的主要内容包括以下几个方面。

第一，有形的产品质量。酒店的有形产品包括酒店的硬件设施和餐饮。硬件设施的豪华程度是酒店档次的直观表现，也是给消费者留下第一印象的具体物件。酒店硬件设施不仅仅包括消费者直接接触的家具家电、床品、写字台、餐桌、餐具等，也包括保障消费者使用的后勤设施供电、供水、中央空调等；餐饮主要是指菜品味道、原材料质量、食品安全和卫生等。

第二，无形的服务质量。主要体现在酒店管理者管理能力水平、员工素养、服务能力和态度、服务时效性等。从酒店管理水平出发，完善各项服务标准流程和服务制度，并在工作中对员工进行培训。当员工具有良好的素质、服务态度以及高效率的服务时，更有利于服务质量的提升。

第三，从业人员的相关素质等。从业人员的文化水平、内涵决定了从业人员是否能够更好地学习并为消费者服务。

二、酒店服务的层次与原则

（一）酒店服务的层次

大部分酒店为消费者提供的是常规性服务，这也是酒店必须具备的基础性的服务。如果想增强酒店的竞争力，酒店就需要向消费者提供非常规性服务，即酒店为了满足消费者更多的需求，以消费者为中心，提供个性化和定制服务，这样的服务有利于留住消费者，也更容易让消费者重复消费。良好的服务是酒店打开市场、获得好口碑、提高竞争力的开端。一般情况下，酒店服务可以分为五个层次。

第一，享受服务。主要包括服务时间、酒店风格、地理位置、服务效率、服务专业等。

第二，认证服务。在消费者享受服务的过程中，服务人员的专业水平、礼貌礼仪、服务技巧、服务态度很重要。

第三，核心服务。也就是消费者通过购买酒店实体产品或无形服务后获得的核心利益和价值需要。

第四，支持服务。这个服务可能并不是消费者所需要的，因为它是核心服务产生后起到促进作用的服务。

第五，附加服务。在一般服务的基础上，额外提供给消费者的服务，这类服务通常会给消费者带来期望之外的惊喜，从而让消费者的实际体验感知很满意，这样为后面的服务质量奠定了基础。

（二）酒店服务的原则

酒店服务通常是通过酒店服务人员的付出来提供的，酒店服务给酒店注入了灵魂和生命力，也是让客人了解酒店品质的重要途径。从酒店服务人员的角度来说，酒店服务的原则可以简单概括成20个字：补台不拆台、分工不分家、解释不争辩、解决不解释。

同时，从酒店服务心理学的角度来讲，酒店服务包括以下几个原则。

第一，环境质量。酒店环境是酒店服务的重要部分，使消费者在酒店服务和酒店氛围中获得物质上的享受和心理的满足。

第二，设施质量。酒店经营的场所也是服务人员为消费者提供服务的场所，同时也反映出了酒店的接待实力。

第三，设施齐全。酒店服务设施的种类，体现了设施设备的完善与配套程度，酒店设施的数量要达到该酒店星级需要的标准。

第四，结构合理。酒店的整体设计和设备购买都应以方便消费者为出发点。

第五，舒适美观。设施设备的舒适美观程度，既取决于设施设备的档次与配置，也取决于设施设备的维护和保养情况。

三、酒店服务质量的内容

本书中的酒店服务，不只针对酒店劳动的服务，还包括针对酒店的内部管理的各种设施设备等，其内涵不仅仅是有无形的服务，还是一种有形的服务质量。有形的服务质量，既包含酒店内部设施设备的有形产品质量，也包含酒店对外提供服务的有形实物质量以及整个酒店的服务环境质量。从保证酒店客房内所有设施设备运行的安全质量上来说，这些设施设备运行既是保证酒店正常经营运行的最强有力的基础，又是酒店保证所有客房质量安全的关键支柱，同时也集中体现了酒店的整体规模和实力，并且作为直接影响酒店服务质量的重要因素。就酒店实物产品质量来讲，酒店实物产品应当满足顾客的需求，如饮食用品、销售物品、一次性用品质量等。针对酒店服务环境质量而言，一般要求是舒适、协调、和谐、干净、整齐等。无形服务质量指的是酒店向顾客服务时所体现出来的态度、技术、效率、礼貌等。酒店服务质量具有一定的完整性，通常包括设施设备、服务产品、实物产品、环境氛围和安全卫生的质量。

（一）设施设备质量

众所周知，酒店最主要的服务在于硬件设施设备，也就是说，酒店设施设备是酒店独立运营的基础所在，同时也是确定酒店档次的关键所在。酒店设施的质量不仅是酒店服务质量的主要组成部分，而且是直接决定酒店服务质量好坏的重要因素。酒店设施设备质量常常涉及酒店建筑物、装修情况和设施设备等，其中不仅有前厅设备，还有后勤和服务等环节的设备。

（二）服务产品质量

服务产品质量是衡量酒店服务人员服务水平的指标，也是酒店产品质量最重要的内容之一，一般体现在以下几个方面。

礼貌礼节。酒店服务工作人员在对客服务时，表现出来的礼貌性的言谈举止直接反映了其礼貌礼节情况，同时，消费者评价中的一个重要方面就是员工待人是否有礼貌的举止，酒店应当在酒店服务工作人员的礼貌性言谈举止上下功夫，让顾客感受到充分的尊重，给顾客留下好印象。

职业道德。在酒店服务工作人员对客服务时，其自身的职业道德对酒店服务水平会产生重大影响，因此酒店服务质量的好坏取决于酒店服务工作人员具备的职业道德水准的高低。酒店应当要求服务工作人员礼貌待客、友好和善、服务热情、周到服务、诚信服务、顾客至上、敢于担当、认真负责、精于服务、合作共赢、互帮互助的职业道德规范。

服务态度。酒店服务工作人员在对客服务时，表现出来的个人主观状态或者情绪，都属于服务态度的范畴。而且服务态度的好坏是由其责任感和素质高低等决定的。服务态度相关要求是热情、周到、主动、耐心，具有“顾客就是上帝”的服务意识。

服务技能。服务技能对于酒店服务工作人员来讲，可以说是从事酒店服务必须具备的，而且其服务技能的好坏直接影响到顾客对酒店服务质量的评价。酒店应当重视酒店服务工作人员的服务技能提升，不仅要使其具备丰富的专业知识，还要拥有娴熟的技能，这样才能够满足顾客的需求，进而给顾客留下很好的印象。

服务效率。酒店服务工作人员在对客服务时，需要在较短的时间内完成所有服务内容。这就不仅要求酒店服务工作人员及时依据顾客的需求来给予顾客相应的服务，还应当在最短的时间内完成，争取做到最好。

（三）实物产品质量

实物产品是满足酒店顾客的物质消费需要的直接体现，其质量高低是影响顾客满意程度的重要因素之一，主要体现在饮食质量和客用品质量上。

饮食质量。饮食产品质量不但受原材料质量影响，而且受厨师烹饪制作水平等影响。这就不仅要求菜品干净卫生、新鲜可口，性价比高，具有地方特色，还对酒店厨师的烹饪水平的要求非常高。

客用品质量。酒店客用品一般是酒店为满足顾客在酒店入住期间所准备的日常所需用品。比如电热水壶，一次性拖鞋、牙膏、牙刷。另外酒店应当明确其客用品质量标准，使其与酒店星级标准相匹配，禁止向顾客提供劣质客用品，及时按标准补充客用品，以满足顾客的日常需求。

（四）环境氛围质量

环境氛围质量是指酒店服务环境营造出来的氛围给顾客带来心理层面的满足感和视觉层面的美感。环境氛围不仅取决于建筑风格、装饰、设施设备陈设等，还有灯光效果、背景音乐高低、颜色柔和程度以及服务工作人员的外在形象等因素。这种感官上的第一印象对顾客的心理和情绪影响较大。酒店应当高度重视烘托酒店环境氛围，从服务环境布局和营造的氛围入手，不仅让顾客感受到舒适、愉悦和安全，还令顾客有一种想再次入住酒店的强烈期待。

（五）安全卫生质量

安全是关乎切身利益的，酒店在安全性方面应当保障入住顾客的生命和财产安全不受到侵害或者威胁，这是酒店服务质量中非常重要的一项。酒店应当为顾客营造一种安全的居住氛围，给顾客足够的安全感。

综上所述，要想提升酒店的服务质量，酒店应当从有形和无形两个方面入手。从有形方面来讲，酒店应当保障设备设施功能齐全、实用、舒适以及安全卫生。从无形方面来讲，酒店应当持续加强工作人员服务意识，有意识地针对员工的素质和技能进行综合性培训，切实提高酒店的服务效率和服务水平，从而全面提升酒店服务质量。

四、酒店服务质量的特点

（一）酒店服务质量构成的综合性

酒店的服务质量不仅仅体现在酒店的有形产品上，比如酒店的硬件设施、酒店的装修环境等方面，还体现在酒店的人员服务质量上。酒店的服务质量就像是一张大网，“硬件”和“软件”都非常重要。硬件设施是酒店服务的基础，而工作人员良好的服务可以给顾客带来极大的满足感，也可以给酒店带来良好的声誉，从而吸引更多的顾客。

酒店服务质量的综合特征要求酒店管理者有酒店系统的概念，将酒店服务质量的管理看作一个时刻保持运行的机器，各个零件相互配合，从而正常运行；不断地收集并了解酒店服务质量方面的相关资料，来解析影响酒店服务质量的原因所在；做到问题可控制，管理好酒店相关部门之间的配合，做好规章制度建设；让工作人员严格地按照要求执行酒店质量服务的流程，从本质上提高酒店的服务质量。

（二）酒店服务质量评价的主观性

酒店服务质量水平是客观存在的，对酒店服务质量的评价是依据顾客享受酒店服务后满意程度进行的，是属于顾客的个人评价意见，会更加让人信服。所以，顾客的满意度是酒店质量服务评价提升的关键。顾客的满意程度提高了，对酒店的评价就会更好。同时还需要不断改进服务，为顾客提供个性化服务，认真关注服务中的每一个环节和每一项服务的效果，从提高顾客满意度出发，满足顾客需求，进而提升酒店服务质量。

（三）酒店服务质量显现的短暂性

酒店服务质量包括具体的服务，但每项具体的服务使用价值相对短暂，即使用一次性的价值，如酒店服务人员微笑问好。这样的特定服务不能被储存起来，留给顾客的是感觉而不是实物。所以酒店的外观服务质量是短暂的，不像实物产品可以修理、重新加工或更换。即使顾客对某项服务感到满意并予以赞扬，也不能保证其他服务会同样受欢迎。因此，酒店经理应要求酒店服务人员做好各项服务工作，尽可能地让顾客满意酒店服务，从而提高酒店的服务质量。

（四）酒店服务质量内容的关联性

从进入酒店到离开酒店的整个过程中，顾客都会对酒店的服务质量产生印象。在这个过程中，顾客会受到酒店服务人员相关服务活动的影响，但这些服务活动不是单独的，而是紧密联系在一起的。在酒店的连锁服务中，一旦某一环节的服务质量出现问题，酒店就会给顾客留下不良印象，影响他们对酒店服务质量的评价。这就要求酒店相关部门在服务流程和服务衔接上通力合作，做好全方位服务准备，确保酒店服务的效率和高质量，确保酒店全方位、全过程服务零缺点。

（五）酒店服务质量对酒店服务工作人员素质的依赖性

酒店在提供餐饮、提供住宿等过程中，离不开酒店服务工作人员为顾客提供相对应的劳务服务。这说明酒店服务质量是建立在实物的前提之下，通过酒店服务工作人员的劳务服务而表现出来。这种表现是否会令顾客满意，不仅由酒店管理者的管理水平来决定，还由酒店服务工作人员的素质来决定。因此，酒店服务的质量取决于酒店服务人员的质量。

酒店服务工作人员为顾客提供服务时，所表现出来的服务态度、服务意识、服务技巧等均会反映出酒店服务质量的好坏，酒店员工的这些服务很容易受到个人素质和情绪的影响，具有不稳定性因素。酒店管理者应当合理配备、激励和培训酒店服务工作人员，来激发酒店服务工作人员的工作热情，从而不断发挥其主观能动性来为顾客提供更为优质的服务。同时，酒店管理者应当经常从自身检视问题，及时对发现的问题予以完善，不断提高自身的管理能力和水平，从而培养更多优秀的酒店服务工作人员，因为优秀的员工是顾客满意的基础，是不断提高酒店服务质量的保证。

（六）酒店服务质量的情感性

对酒店服务质量的评估取决于顾客与酒店之间的关系，所以当顾客与酒店的关系是和谐的时候，顾客很容易理解酒店的错误和困难。然而，当两者之间的关系处于矛盾、消极状态时，顾客很容易故意挑剔酒店的服务。因此，酒店应当主动地去和顾客打造和谐相处的环境，给顾客带来积极的情绪，从而让顾客对酒店有好的看法。这也就体现出酒店服务质量情感性的特点。

第二节　酒店服务质量管理理论与分析方法

一、酒店服务质量管理理论

（一）顾客感知服务质量模型

芬兰经济与管理学院教授格罗鲁斯于 1982 年提出顾客感知服务质量模型，主要是以感知服务的三要素（技术质量、功能质量和企业形象）为理论依据。按照格罗鲁斯的观点，技术质量是伴随着服务的发生而发生的，功能质量取决于顾客的客观感受，企业形象在其中是过滤的作用。顾客与服务人员在发生经济活动中会互相接触，而接触的过程中受不同的服务人员的影响，从而影响到顾客服务质量感知。顾客对于服务质量过程中的需求和感受，就是对服务质量的感知，这就是功能质量。

而后，格罗鲁斯对服务质量模型进行了不断的修正，2000 年的模型中提出了一些新的变化，增加了对企业形象的重点关注。修正后的模型根据市场沟通、企业形象、口碑和顾客需要来确定顾客期望的服务质量。然后从技术质量是提供什么服务、功能质量是如何提供服务来确定组织的形象，从而得到顾客感知的服务质量。总的感知服务质量是由期望服务质量和感知服务质量两者计算而得到的，得出最终的顾客感知服务质量，评判组织的形象。

（二）服务质量差距模型与 SERVQUAL 评价量表

服务质量差距模型是帕拉休拉曼、赞瑟姆和贝利三位学者在格罗鲁斯的服务质量概念模型思想基础上产生的。该模型的基本观点是，服务质量取决于顾客期望质量与实际感知质量之差，当顾客实际感知质量超过期望质量时方能获得满意。具体服务质量差距模型结构见图 4-1 和表 4-1。

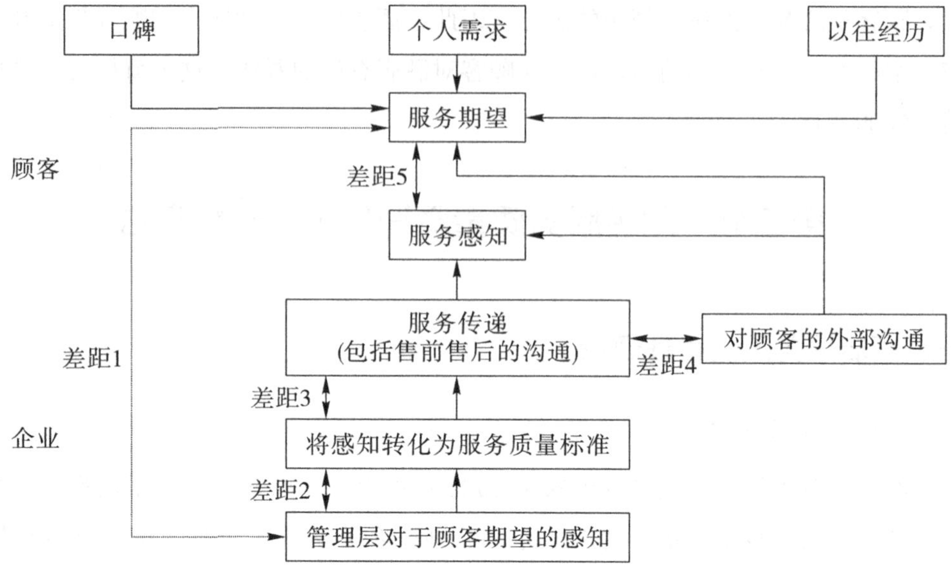

图 4-1 服务质量差距模型

表 4-1 五大差距产生的原因分析

差距	差距解释	产生的可能原因
1. 管理层认知差距	企业管理层不了解顾客期望	①对市场需求研究不充分 ②对客户关系重视度不够 ③企业向管理者传递的信息错误，真实信息没有传达到位 ④臃肿的组织层次阻碍或改变了信息的传递
2. 质量标准差距	设计制定的标准与管理层期望不一致	①没有得到企业高层的足够支持 ②组织沟通出现偏差
3. 服务传递差距	企业员工没有按照标准提供服务	①企业内部管理混乱 ②企业没有做好服务标准培训 ③标准执行难度过大 ④服务生产的支持配套系统不完善 ⑤企业员工不认可标准
4. 营销沟通差距	对顾客进行营销或沟通时的承诺与实际不一致	①营销部门与生产部门标准没有统一 ②营销部门与生产部门缺乏协作 ③生产部门未能按标准提供服务 ④营销部门过度承诺，言过其实
5. 期望感知差距	顾客体验到的服务与期望不一致	原因如上，是前面 4 个差距所产生的最终结果。该差距会导致企业口碑不佳、形象受损、失去顾客、造成亏损等后果（当然，也可能产生积极结果，在此不作讨论）

与此同时，三位学者还设计了安全、信赖、理解熟悉顾客、可靠、响应、能力、访

问、沟通、有形、礼貌等十个维度来测量评价服务质量。由于维度太多，评价复杂，三位学者后来又将其压缩修正为可靠、有形、移情、响应和保证五个维度，并开发出了著名的SERVQUAL评价方法和评价量表。

SERVQUAL感知服务质量评价方法如图4-2所示。主要采取问卷调查的方式，通过顾客直接打分的形式，让顾客在每一个维度的项目上进行评分，得出每个维度项目的顾客感知与顾客期望两者的具体情况，从上述的评分得出整体的感知服务质量水平。

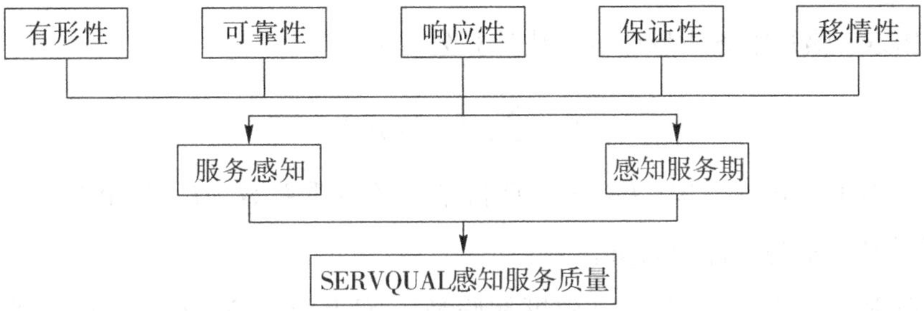

图4-2　SERVQUAL感知服务质量评价方法

服务质量差距模型和SERVQUAL评价量表是服务质量评价研究领域的一个里程碑，它为企业进行服务质量管理决策提供了一个可执行、直接有效的工具，指导企业找到质量问题的根源所在，并帮助企业寻找合适的改进措施。虽然SERVQUAL评价法经众多学者实证研究证明了其可靠性和有效性，但在应用中也存在许多争议：（1）服务质量水平的高低取决于顾客对服务的实际感知与期望的差值大小，其合理性与可靠性有待商榷；（2）测量时间安排在顾客购买服务后，由此获得的期望值信息的正确性值得怀疑；（3）该方法只测量顾客对服务的结果感知，而忽视其过程感知；（4）测评过程繁杂冗余，耗时耗力。

（三）服务绩效感知模型

针对上述问题，克罗宁和泰勒等人提出服务绩效感知模型（SERVPERF），由于他们认为对顾客的期望与实际感知同时进行测量很不科学，因此该模型仅考虑顾客的实际感知，用顾客实际感知绩效来衡量服务质量水平。在模型结构上，保留了SERVQUAL评价体系的5个关键维度和22个评价指标，并且在分析方法上删除了差异性分析。

比较SERVQUAL评价法与SERVPERF模型，SERVPERF模型更简洁更有效，通过删除简化问题选项，且仅对顾客感知绩效单项量表进行测量，可以解释更多关于评价指标与整体服务质量关系的信息；与此同时，从实证上看也更为优越，可操作性更强。也有学者认为SERVQUAL更具诊断性，可以帮助企业进一步探讨服务链中哪一环节出现问题；而SERVPERF则更适用于企业整体服务质量的评估，具有易执行、易分析的优势。

二、酒店服务质量管理分析方法

（一）SERVPERF 感知服务质量评分法

此模型仅继承了量表的基础，而评价测量方法则抛弃了差距的概念，以顾客的实际感知评分作为测量标准，测量了 5 个维度的 22 项指标。此模型只考虑顾客的实际感知，未考虑顾客的预期期望服务质量。

SERVPERF 感知服务质量评价方法计算公式为：

$$S=\sum_{i=1}^{n}(w_i \times p_i)$$

其中，S 为服务质量，W_i 为第 i 个评价指标的权重系数，P_i 为第 i 个评价指标的顾客感知评价分值，n 为指标的数量。

SERVPERF 模型的信度检验和效度检验高于 SERVQUAL 模型，模型效果更优。同时，该模型在实际操作中更加简单方便、应用性强，因此在酒店服务质量评价中运用得更为广泛。

（二）因果图分析法

因果图分析法是由日本学者石川馨先生发明的，其也可以称为“鱼骨图”“石川图”，该发明主要是用于分析事物间的原因，寻找出其中本质的原因。因果图分析法的特点是简洁明了、逻辑清晰、易于使用，很容易分析出问题的核心原因。因果图分析法的操作过程主要可以分为两个步骤：首先是分析问题的原因或者结构，其次是开始绘制因果分析图。

其中，分析问题的原因可以采用以下方法进行。首先，针对具体的问题点，区分选择不同的层次、类别、方法，比如按照人员、材料等。其次，对于原因的分析可以采用头脑风暴法进行，尽可能找出全部的原因或者因素。再次，整理这些原因或者因素进行总结归纳，按照层次类别进行整理汇总，确定其从属的关系。最后，检查一下分析得出的所有重要因素，确保语言简洁明了、意思表达清晰。

绘制因果图的方法可以按照以下步骤进行。首先，画出鱼头部分，就是所分析的问题，画出因果图的主骨干。其次，根据归纳总结的原因和从属关系，先画出大骨干也就是大的原因，再画出小骨干也就是小的原因，注意保持好从属的关系。最后，运用特殊的符号标注清晰重要的原因。

在酒店服务质量管理中，运用因果图分析法进行分析，可以根据模型的分析结果再进行头脑风暴法，寻找出原因，再将这些原因进行归纳总结，梳理好每个层次，然后绘制出因果分析图，需要做到简要明了，清晰易懂。该分析方法目前已经很多应用在各个管理领域，在问题分析中很有用处。

（三）PDCA 循环法

PDCA 循环理论是美国学者休哈特在 1930 年提出的一个分析方法，而后由美国学者戴明进行进一步的推广和宣传，之后全面应用在服务质量管理领域之中。其主要应用在服务质量管理中针对存在的问题进行详细步骤的改进实施的过程。它是全面质量管理的思想基础和方法依据，是企业服务质量管理中的重要方法。

PDCA 是由四个英文首字母归纳组成的。四个英文分别为 Plan、Do、Check、Action，对应四个过程分别是计划、执行、检查和行动。这四个过程是形成一个闭环，如此循环往复，不断地进行。在不断循环和改进的过程中，整个处理结果会得到很好的提升。

PDCA 循环法重点强调以下几点：首先，在服务质量管理工作开始之前，我们都需要制订详细的计划安排。其次，整个 PDCA 循环是一个完整的循环系统，每一次循环的终点其实也是下一次循环的起点，为下一次循环提供更好的支持。执行完一次循环再到下一次循环，总体来看是处在不断提升和优化的过程中，整个服务质量管理体系就是这样的一个不断向上的良好发展的过程。

第三节　数字战略视角下酒店服务质量提升方向

一、认识评价作用，明确服务质量定位

（一）全面评价，提升质量

基于酒店的功能定位，应坚持全面评价原则，对酒店服务质量开展多要素综合评价。首先，酒店服务质量评价指标体系具有系统性，由一系列相互联系、相互作用、相互制约的评估要素构成。其次，该体系具有层次性，能根据系统结构将设施、人员、服务产品等不同性质的要素分出层次。再次，该体系中的指标具有代表性，能客观、正确、真实地反映出局部功能服务质量状况。最后，该体系还具有相对稳定性，可以体现一定时期内服务质量供需焦点。全面评价酒店服务质量旨在全方位、全过程提升服务质量，这是酒店服务管理的目标，也是服务管理的过程。

（二）瞄准问题，改进服务

构建酒店服务质量评价指标体系的直接目的是为酒店服务质量评价提供管理测评工具，它的应用价值不是单纯地对服务质量作出好或坏的评价，而是使用较为客观、全面、有效的指标体系衡量酒店服务现状，整体审视服务过程效能，从而及时发现存在的短板或不足，进而促进酒店有针对性地持续改进服务，提升服务质量。酒店是人力资源密集型企

业，人员服务具有异质性，为维持相对稳定的服务品质，管理者有必要定期进行自我诊断。酒店要正视评价功能，将酒店服务质量评价作为常态化检测手段，不仅要为持续改进服务寻找问题点，更要带着解决问题的思路寻求改进方法，在服务内容、模式和方式上自我创新，多措并举提升服务水平。

（三）发现优势，形成特色

酒店服务质量评价指标体系是多层级结构，各层级的指标权重不同。在应用评价指标体系测评时，酒店应“由面到点”审视指标结果，尤其要关注会议设施、会议服务等权重相对较高的维度上的指标，这些指标不仅可以反映出酒店在场地空间功能、环境、基础设施等方面的物质投入水平，也可以体现出酒店的软件核心服务能力。酒店要从较高权重维度上发掘自身优势，从硬件和软件两方面考量差异化，集聚优势条件，打造品质服务。对权重相对较高的住宿服务也要给予附加关注，特别是对具有一流住宿设施的酒店来说，如果住宿服务可圈可点，就能够进一步凸显优势。酒店要提供区别于一般商务酒店的住宿服务，针对会议团体化住宿特点，强化住宿接待服务。对酒店而言，更为重要的是在发现优势的基础上形成服务特色，持续推动酒店高质量发展，增强品牌影响力。

（四）关注客户，创新服务

酒店服务质量评价的终极目标是为客户提供更好的服务，提高顾客的满意度和忠诚度，增强酒店的市场竞争力，因此提升服务质量要从关注顾客体验入手。在使用评价指标体系测评时，针对指标评价结果，要挖掘其背后所反映的服务工作内容，尤其要关注重要性程度较高的个体指标所对应的服务工作，审视自身是否做到以尊重客户需求、满足顾客需求为前提，是否做到创新服务、卓越服务。如为满足客户安全至上、风险防范的心理需求，在酒店安全设施及其维护方面增加有效投入，提高设施安全性能；又如为项目安排统筹能力强、善于沟通的总负责人并培训专业技能过硬的服务人员，这些工作人员能够在服务传递过程中主动作为，洞悉客户潜在需求，创新服务模式，提供优质服务。

二、完善语言艺术，依次提升服务质量

（一）营造良好的语言氛围

良好的工作环境，有利于提升员工的工作积极性。酒店想要提升对客服务水平，需要在平时的工作中营造良好的语言氛围。酒店领导层需要通过规范自己的言行举止，为员工树立榜样，在处理员工问题时也需要注意语言艺术，既要通过交流沟通让其明白自身存在的问题和不足，也要考虑到批评的形式与分寸。服务语言艺术不仅是针对顾客的，对于酒店内部也是适用的。酒店可以不定期举办一些酒店服务技能比赛，不仅可以提升员工的技能，还可以增强员工的自信心，进而带动酒店整体积极向上的工作氛围。

（二）灵活使用标准服务用语

制定标准化服务用语的本意是为了更好地服务顾客，提升服务质量，然而现在很多员工将这些标准化服务用语变成了没有任何思考和感情的机械化用语，这样的服务是没有灵魂的。酒店应当鼓励员工去创新，在原来标准化服务用语的基础上加入自己的个性。当然，语言艺术的创新要因人而异，领导高层要注意把握尺度。借鉴外来的优秀经验时，也需要取其精华，去其糟粕。

（三）关注地方特色化语言

我国幅员辽阔，独特的地理分布形成了种类繁多的语言体系，基本上每个地区都有自己的方言。针对这样独特的情况，酒店也需要关注地方特色化语言的影响。酒店招聘时，可以适当选择一些语言能力突出的当地人，“双语服务”可以为部分想了解当地风土人情的外地游客提供更好的服务。与此同时，酒店服务人员在服务过程中还需要特别注意语言禁忌的影响。

三、紧跟数字经济，全方位优化服务质量

（一）在有形性方面，完善设施设备

1. 硬件设施完善与提升

硬件设施能够最直接地体现酒店的品质，顾客通过对硬件设施的视觉效果和使用体验感受酒店的服务质量。在成本预算允许的条件下可以补充市场普遍提供的设备设施，如车牌识别系统、客房智能语音服务助手（小度）、客房灯光管家等。提升洗漱用品的质量，增加电视频道，提升网速。

2. 加强与其他领域的合作

酒店可以加强与其他领域的合作，开源节流，双方实现互惠共赢。以万达旗下的嘉华、文华等高端酒店为例，均有合作的茶叶、家具、家纺、香氛、日化产品，在客房和大堂休闲区放有宣传册，列出选用产品的品牌及价格，顾客可以购买喜欢的产品。酒店不仅可以以较低的合作价格购买到相关产品，也可以通过销售该产品获得利润。

3. 运用智能软件提升服务效率

智能软件能大大提高工作效率、提高顾客的消费体验。目前移动网络普及度高，顾客习惯通过手机完成酒店的筛选与预订，比较流行的软件包括飞猪、携程、去哪儿、大众点评、美团等。酒店应适应市场需求，增加线上预订系统。顾客通过线上预订系统能直观地了解酒店房价、是否有空房、房间样式等情况，直接预订并线上付款，省去了到酒店了解情况这一步骤。近几年，“智慧酒店”的概念逐渐在酒店行业普及，将人工智能和 VR 技

术、AR技术相结合，可以实现线上订房、无接触入住和办理退房。

4. 加强酒店顾客信息管理

引进智能化顾客信息管理系统。该系统可以将顾客的信息、消费内容、喜好进行统计，刻画出用户画像，运用大数据对酒店顾客群体进行分析，针对用户的消费习惯和消费偏好为顾客提供量体裁衣式的服务。在顾客离店后对顾客进行回访，全面了解顾客的消费体验，将顾客满意的方面和不满意的方面均输入系统，方便日后改进，提高顾客的满意度。

5. 加强设施设备维护

加强已有设施设备的维护既可以提升设备的使用效果，一定程度上也可以节省经费。维修部人员应定期检查沙发、桌椅、床品、卫浴用品、电子设备等相关物品的使用状态，定期对设备进行维修维护，保证其功能性，对于无法维修的设备进行统计，报告酒店统一进行换新。

（二）在可靠性方面，提高酒店管理能力

1. 提升酒店管理层的管理能力

管理层是酒店的风向标，提升管理层的领导能力使酒店能够朝着正确的方向发展。酒店管理层应从实践和理论两个方面加强学习，培养长远发展的战略目光。管理层一方面从心态上要树立学习意识，认识到学习的重要性；另一方面要系统地进行理论学习，为管理工作打好理论基础，使今后的工作更具科学性。此外，加强实践，将学到的理论外化于行，为酒店制定营销策略，避免恶性竞争和无效的营销方式，朝长远发展的目标迈进。

2. 健全酒店服务质量管理体系

组建服务质量管理团队。由专门的团队对酒店服务质量负责，自上而下地强化服务质量管理意识。以统一的标准和量化的指标对每项服务进行科学评价，高层强意识抓方向、中层强把关抓关键、基层强标准抓实效，使酒店提供的每一项服务都有系统、有制度、有标准。同时将工作内容量化，让每名员工明确自己的工作应该怎么完成，完成到什么程度，需要承担什么责任。加强工作细则规范化、程序化的制定，保证工作细则的合理性，将每一项工作的具体流程和标准凝结成文字和图片，方便员工学习、对照。经常性地对发现的问题进行总结归纳，责任落实到个人，及时做出整改。每日强调服务意识，每周落实整改情况，每月进行综合回顾总结。

（三）在响应性方面，提升服务效率

1. 建立员工授权机制

直接与顾客接触的工作人员通常是酒店的前台和服务人员即一线员工，通常顾客反映

问题或寻求帮助都会直接找一线员工。如果一线员工能够直接解决问题，顾客的诉求能第一时间被满足，会使顾客满意度提高。因此应适当下放权限，减少处理问题流程，顾客经常遇到、经常反映的问题就能尽快得到解决。

2. 提升酒店内部协调性

部门之间有效的配合，可以更好地完成服务工作，取得“1+1>2”的效果。一方面认识到部门和部门之间并非独立的个体，不应该存在“小团体主义”，应以酒店为中心，加强部门之间的协作。另一方面加强部门之间人员的联系，通过团建、聚会、下午茶时间让员工互相了解，增进彼此关系，培养默契的合作关系，从而提高服务效率，提升服务质量。

3. 加强服务补救环节

在实际工作中，即使执行严格的服务标准和考评制度，也难免出现失误，为顾客带来不便。据顾客反映，让他们反感的通常不是酒店犯错，而是犯错后的态度。因此，加强服务补救环节是提升服务质量的关键。酒店应针对不同的问题制订应急预案。失误的员工应按照倾听、报告、满足、跟踪四个步骤开展补救。面对顾客的投诉，首先了解顾客此时的诉求，然后将事情经过及自身掌握的信息上报，接下来满足顾客的诉求，最后对事情进展进行持续跟踪。

（四）在移情性方面，实现产品多样化并构建企业精神文化建设

1. 产品多样化、个性化，满足不同顾客的需求

（1）客房设计人性化、多样化。客房是顾客入住酒店后停留最久的地方，大多数服务体验都来源于客房。为客房加入人性化设计，满足不同类型顾客的需求，会使顾客的住宿体验更加美好。比如大多数顾客入住酒店出于商务出差的目的，酒店就应该在客房尽可能满足其办公需求，增加办公桌的面积，同时保证有线网络和无线网络的提供，在办公桌和床头柜放置便笺本、签字笔，使顾客办公更加舒适、方便。对于顾客，应根据其喜好提供多样性服务，如调节枕头高低、床垫软硬程度，提供不同材质的被子供顾客选择。而对于老幼病残孕等需要特殊关爱的顾客，则可以给予更加贴心的服务，使顾客从入住到离店都能享受无障碍服务。

（2）餐饮服务多样化。一方面增加菜品种类，增加西餐、自助午餐和自助晚餐；丰富现有菜品种类，最大限度上满足外地顾客的味蕾；早餐供应更加丰富，可以增加各地特色早点，增加咖啡、巧克力奶等顾客喜爱的饮品。另一方面增加客房送餐服务，摆脱千篇一律的盖饭、炒面，餐厅提供的每种菜品都可以送入房间，且保证送餐速度。

（3）强化酒店功能性分区。尽可能在酒店内满足顾客的各项需求，需要将已有的功能

区域最大化利用，并增加必要的功能区域。酒店已有的功能性区域包括行政酒廊、茶室、前厅等候区，这些区域的设立是为了满足顾客的休闲、会客需求，应向顾客提供安静舒适的环境，提供多样、可口的饮品食物。将货币兑换区服务落实，储备一定数量的外币，为顾客提供便利。在资金允许的范围内规划健身房、泳池、水疗室，供顾客休闲健身。

2. 构建企业文化

随着酒店行业的发展，酒店之间的竞争正在从价格竞争转化为文化竞争。消费者倾向于选择人文气息更加浓厚、更有品位的酒店，这离不开酒店的文化建设。

（1）构建酒店独有的企业精神。企业精神是企业基于自身特点经过主观培养的企业员工共有的精神风貌，可以通过实践工作表现出来，是企业的灵魂。企业精神也可以使消费者快速获得对酒店的好感。企业精神一般为一句口号，如万豪酒店的“人服务于人”、假日酒店的“自在自我”、洲际酒店的“明白所需，满足所想”等，能够体现酒店的整体服务理念，使顾客从字里行间感受到酒店风貌，也时刻提醒酒店员工提供什么样的服务，朝什么样的目标前进。酒店应根据自身特点树立企业精神，并时刻用该精神警醒自身，向社会传播自己的企业精神。

（2）将企业文化融入日常服务。企业文化不仅是一句口号或一个标识，更重要的是给企业员工树立共同的目标，帮助企业更好地运转，使员工在工作中端正态度。首先是要将企业文化外化于行。将印有酒店标识和口号的产品（如纸巾、笔记本、薄荷糖等）作为赠品送给顾客，增强顾客的服务体验。其次是要将企业文化根植于员工内心。员工应熟记企业口号、企业愿景等形成文字语言的企业文化，并且按照酒店的企业文化要求开展工作，每一项工作都以创造酒店良好口碑、构建酒店良好形象为目的。最后是要用企业文化激励员工追求进步的信念。构建良性的企业文化，使酒店员工感受到酒店自身在不断进步，各个部门、各个层级的员工都能受到激励，跟上酒店前进的脚步，不断鞭策自身提高工作效率、提升工作能力。

第五章　数字战略视角下的酒店人力资源管理能力的提升

第一节　酒店人力资源管理概述

一、酒店人力资源管理的定义

（一）人力资源管理

现代管理学之父彼得·德克鲁在其著作《管理的实践》一书中，将“人力资源”这一概念比较宽泛地理解为管理职能，这是人力资源这一概念最早的出处。在他看来，人力资源与其他资源唯一的区别就在于人力资源的对象和主体是人，是具有“特殊资产”的资源。这个概念从提出到现在，经历了一系列的发展。人力资源管理现在普遍被认为是通过合理地使用招聘、培训及薪酬等一系列企业内部的组织手段，达到对人力资源的合理配置、开发和使用，挖掘人在工作中的潜力，让人在工作中发挥出自我应有的价值，提高工作的积极性，保证企业的工作进度，实现组织目标所要达到的理论、方法、工具以及效果。

（二）酒店人力资源管理

酒店人力资源管理就是科学地运用现代管理学、社会学、人才学、心理学等原理，对酒店的人力资源进行有效的开发、利用和激励，使其得到最优化的组合和积极性最大限度发挥的一种全面管理。通俗来讲，酒店人力资源管理是指酒店根据自己发展的阶段和实际情况，将酒店的每位员工安排到最适合他的岗位，让每位员工在岗位上价值最大化，最终让酒店实现自己的盈利目标和战略决策。人力资源管理对任何一家酒店来说都是至关重要的一环，酒店属于企业，凡是企业都是以营利为目的的，而人力资源的良好运行和发展能够让一个酒店利益最大化。除此之外，酒店人力资源管理还能够促进酒店战略的实施和执行，也有利于将酒店的人力资本扩大化，进而在当今市场激烈的竞争中有效地提升酒店的核心竞争力。

二、酒店人力资源管理的相关理论

（一）ERG 理论

ERG 理论是生存、关系、成长三核心需要理论的简称，是美国耶鲁大学组织行为学教授奥尔德弗在大量实证研究基础上对马斯洛的需求层次论加以修改而形成的一种激励理论。生存需求主要包括生理和物质上的人类最基本需求。关系需求指人是社会性的，需求通过在与他人的交往关系中获得认同和需求。成长需求指人们的内在愿望是不断发展和完善自己，通过挖掘潜能，发挥才能，在事业上有所成就，在能力上有所提高，实现自我价值。他认为人的有些需求靠后天的学习和培养，尤其是较高层次的需求，但当某一需求无法得到满足而受挫时，人们对低层次的需求更为看重。

从酒店管理方面来说，要调动员工的积极性、主动性，首先必须了解员工需求，明确员工最希望得到的是哪些需求，有针对性地满足，才能够最大限度刺激员工，起到激励效果。对于较高层次的成长需求，酒店可以通过培训的方式，以积极向上的企业文化、赶学比超的竞争机制，培养员工树立职业成长观念，追求和实现自我的发展和突破。

（二）双因素理论

双因素理论也被称为“激励—保健因素”理论。激励因素是指与工作内容相关的能让员工感到满意的因素，包括个人成就、晋升等六个方面。保健因素是指与工作环境和工作条件相关的会使员工感到不满意的因素，主要体现在政策、管理、薪金、关系、地位、安全保障等方面。美国心理学家赫兹伯格认为保健因素在得不到满足时会导致不满，却不会因为得到满足而产生满意，而激励因素只会产生满意，在得不到满足时却不会导致不满，两个因素彼此相对独立。

双因素理论的提出，使管理者明确了激励目标，但这一理论的不足在于高度的工作满意不一定就产生激励作用，同样受到外界环境、心理因素等方面影响。对酒店人力资源管理工作而言，双因素理论更偏重于从激励因素入手采取激励措施，利用好激励因素，调节好保健因素，有机地将二者相结合，比如将保健因素中薪金与绩效考核相结合，使其成为激励因素中对工作结果的认可，以此起到激励员工的作用。

（三）公平理论

公平理论认为员工对收入的满意水平很大程度影响着员工工作的积极性，但人们判断公平的结论却是由所得报酬的相对值决定的，而人与人之间的比较与判断，衍生出不同主观评判结果并直接影响员工的工作行为。

公平理论的基本观点是世上没有绝对的公平，它与个人的主观判断有关。对于酒店而言，激励时应力求公平。一是建立科学公开的薪酬分配机制，既能促进竞争又可以保障公平性。激励资源要向鼓励正向的行为与结果倾斜，要体现工作内容、工作量、工作质量、工作效率和工作年限的差异，客观评价与衡量价值创造。二是管理层要公平公正。领导者的管理活动直接反映了管理者的管理水平，对团队的团结有着至关重要的影响，要时刻保持警惕，树立负责公正的形象。三是管理层要践行并倡导公平公正。广泛征求意见，用科学统计方法形成较为完备的衡量标准，将标准统一化、公开化、透明化，并严格执行。要建立通畅的沟通渠道，使管理者及时了解员工在收入、业绩评价、工作职能上的不公平感，加强心理沟通和价值观培育，必要时采用会议或发文等形式作适当解释。四是正确看待公平。从辩证学角度出发，公平是相对的，不是绝对的，我们要尽量追求公平，但也不能苛求绝对的公平。要允许合理的不公平促进员工内部竞争。

（四）期望激励理论

期望激励理论认为个人的努力程度受到所设立的激励目标、采取的激励手段的影响较大，并不是绝对能得到绝大多数员工的认同或者达到预期目标。若员工所得报酬同期望报酬相符合，他就会感到满足并激励他以后更加努力。如果从业者薪酬低于其心中预期公平薪酬，即使从业者薪酬高于正常值，也会产生一定的心理落差，影响其从业热情。

期望理论的基本模型为：企业实施激励措施—员工付出努力—绩效考核—获得奖励—个人价值与奖励衡量—心理满足—回馈努力，由此形成良性循环。但对员工而言，只有当获得结果的个人价值升高，员工才会更加努力。MTW 公司“期望协议”案例是期望激励理论实践中成功的典型之一。MTW 成功经验在于与员工签订“期望协议”实现员工与企业的“换位思考”。“期望协议”是双向的，既包括共同目标也包括个人目标，随着员工的职业发展不断改进的文案，每六个月进行一次回顾并进行修改，让员工有清晰的使命感，公司了解员工的目标并提出要求条件，员工也了解公司发展的方向，有助于员工反思自己的工作，制订未来的计划。

在酒店管理中，运用期望激励要做好以下几个方面的工作：一是建立有效的沟通机制，充分了解员工内心需要，设置科学合理、有吸引力的目标；二是以目标管理将个人发展目标与企业战略目标有机结合，实现双重目标一体推进；三是提高员工的期望值，明确实现目标的途径并给予工作支持，帮助员工提升工作能力以达到目标；四是将工作绩效与薪酬相结合，公平合理地给予报酬。

（五）人力资源管理理论

“人力资源”这一概念早在 1954 年就由德鲁克在其著作《管理的实践》中提出并加以明确界定。20 世纪 80 年代以来，人力资源管理理论不断成熟，并在实践中得到进一步发展，为企业所广泛接受，并逐渐取代人事管理。

近年来，由于社会经济的发展变化，以及我国人口红利的不断降低，企业管理工作理念的持续完善，行业理念的成熟，人力资源管理工作从早期的事务处理，到前些年的人事行政，再到现在的人力资源管理，以及未来可能的人才价值开发，一直在持续不断地优化进步中，国内多数企业也已经完成了从事务型职能向战略支撑职能的转变，行业新兴应用理念仍在不断涌现迭代，对企业内部的人力资源管理工作也提出了新的诉求。而如何结合企业战略需求与业务单位的工作开展情况来满足这些新的需求，是人力资源管理部门应思考的主要问题。

人力资源管理体系，主要是指企业经营管理过程中所涉及的主要人力资源相关管理工作，通常包含系统与规划、招聘与配置、薪酬福利、员工关系、培育与发展、绩效与激励等方面。在现代企业管理中，也有战略规划与方案设计、业务单位合作伙伴、共享服务中心等不同分法，重点解决企业经营过程中所发生的与员工相关之所有选、育、用、留、退等工作开展，以及由此衍生出的企业文化建设、公司组织梳理、定岗定编、人岗匹配等工作事项中存在的问题。

（六）人岗匹配理论

从广义上讲，人岗匹配指的是通过一些管理手段和措施，促使个人特质和工作环境所需特质互相适配、互相兼容的过程。人们发现，工作适配性与满意度和舒适度呈正相关，能最大限度激发潜能，促进员工积极投入工作，降低员工流失率，节省招聘所需花费。因此，无论从组织还是个人的角度来看，工作匹配都值得高度重视。在实际应用中，工作匹配在很多领域都有重要作用，例如，在工业和组织心理学中，工作匹配主要被研究与组织行为、人员选择有关的问题。通常情况下，组织投入大量的人力、物力、财力资源，确保招聘和选拔程序更加科学规范，实现求职者与企业最佳匹配。这种投资似乎是合理的，因为与工作或组织的良好匹配已经被发现与员工的工作满意度、组织承诺、工作绩效和工作任期有关。

（七）职业生涯规划理论

职业生涯规划源于这样一个假设：一旦一个人开始在一个组织中工作，如果有机会，他将寻求在组织的职能部门中晋升，如果没有这样的机会，他就会离开。职业生涯规划是指一个人在经过测评或指导后，了解自身性格特征，清晰掌握自身优劣势，结合兴趣和优势，选择目标职业，并完善计划步骤，开展行动，增强与目标职业匹配的技能，了解更多职业信息，按规划实现职业发展。在当前全球化和竞争激烈的商业环境中，各组织面临着是否能留住高绩效员工的挑战。为了保持竞争力，组织将职业规划纳入其战略计划，以提高员工的成长和确保劳动力的稳定性。职业是随时间演变的，人们通常会沿着这条演变的道路，通过每一个连续的职业站点前进。职业不是静态的，员工需要看到提供给他们未来机会的长期计划。组织及其管理团队在促进员工的职业规划方面发挥了关键作用，因为他们需要与员工合作开展职业发展活动，并确保不管工作环境如何变化，他们都能时刻保持高质量表现。经理和员工之间的合作关系对于正确的职业规划是必要的，经理的认可有助于员工知道自己正走在正确的道路上，正在完成通往下一个职业目标的步骤。

三、酒店人力资源管理的特点与主要任务

（一）酒店人力资源管理的特点

1. 酒店人力资源管理是对人的管理

酒店业本就是劳动密集型产业。酒店的员工受性格、年龄、需求等因素的影响，在工作中的表现存在一定的差异。想要让酒店的经营目标得以实现，就应该充分发挥员工的作用和价值，以积极饱满的工作热情来为客户提供优质的服务。为此，酒店人力资源管理一定要立足于以人为本这一基础之上。首先，要对员工有全面的认识，正确对待员工的需求，满足其最基本的需求；其次，要认识到员工的社会人属性，给予相应的尊重；最后，要关注员工的职业发展和成长环境，帮助他们建立完善良好的职业规划，实现员工的人生价值。

2. 酒店人力资源管理是科学的管理

现代酒店的人力资源管理是一项复杂而全面的系统工程。因此，必须建立一套规范的酒店人力资源管理体系，以保证科学管理，对酒店各项工作的数量、质量、时间、态度等提出详细、具体、统一的要求。比如，必须有招聘员工的质量资格标准，职业培训的资格标准和服务工作的规范。尤其是对管理或工作流程要进行科学的划分，要严格规定每个阶段的顺序及该阶段工作的具体内容，要达到什么标准，谁去负责，并规定完成时间。程序管理可以使工作井然有序，紧密协调与配合，并确保酒店的正常运营和酒店目标的实现。制度化可以确保人力资源管理的各项工作都能够有标准，做到高效、规范。有效的规章制度能够对员工的行为规范进行约束，在工作中采取统一标准的服务模式来为客户提供服务，有效保障酒店的稳定经营。

3. 酒店人力资源管理是全员的管理

酒店人力资源管理是全体员工的管理，不仅包括酒店的人力资源和人事部门对全部员工的培训及评估，还包括酒店所有管理者对其下属的监督和管理。这意味着酒店人力资源管理是酒店管理者的职责之一。因此，每一位酒店管理者都应该充分理解和深刻把握人力资源管理的理论、方法及作用，选拔、培训和激励员工，为员工展示才华创造时机和条件，并调动他们的工作热情。

4. 酒店人力资源管理是动态的管理

动态管理不仅仅是为了酒店发展的总规划和策略来合理配置、调整人员，还要结合酒

店的经营情况，以及人员流失、业务拓展等因素来及时进行人员配置和调整，了解员工的工作变化的过程。在管理中，要关注酒店员工的心理需求，了解酒店员工的情绪变化和思想动向，采取相应的措施调动酒店员工的工作积极性，使所有酒店员工都能发挥自己的潜能。所以，它是一种动态的综合管理活动。

（二）酒店人力资源管理的主要任务

第一，制定酒店人力资源管理制度。认真落实国家有关劳动政策，结合上级部门的要求和酒店实际情况，制定酒店的人力资源管理制度，包括人员招募制度、干部管理制度、绩效考核制度和薪酬制度。

第二，根据酒店情况编制定员。根据酒店的实际情况，完成职工的定员定岗，落实工作责任制，保证工作效率的提升，做到人尽其责。同时要加强绩效考核管理，做好监督，充分挖掘员工的工作潜能，不断提升工作效率，提升服务水平，为客户提供最优质的服务。

第三，正确处理人事和劳资关系，为员工创造良好的工作环境。尊重酒店员工劳动成果，充分调动酒店员工劳动积极性，培养其劳动纪律，制定各种工作程序，制定以工作责任为主的规章制度，并关爱员工、保护员工，提升其归属感以及工作积极性。

第四，做好员工培训，提高员工服务能力。加强员工培训，不断提高员工素质，以适应酒店事业发展需要。

第五，合理分配劳动报酬。根据酒店的实际情况，正确解决职务津贴、工作津贴、奖金的分配等分配方法，结合物质利益和精神奖励，充分体现员工之间的区别。

四、酒店人力资源管理发展历史与面临的要求

（一）酒店人力资源管理的发展历史

1. 原始雇用型阶段

酒店管理的雏形是家庭管理模式，所以酒店的人力资源管理雏形也是最原始的家庭雇用制模式。其中家庭成员承担着管理以及决策任务，维持家庭正常开展相关活动，家庭成员之外的人员则是雇用者。最初雇用阶段的主要特征是：决策者是家庭的主要成员，工作人员既有家庭成员，又有在外部雇用的非家庭成员。家庭决策者的意愿是工作指导和标准。人员方面，采用师徒制的方法。劳资双方之间没有清晰可靠的法律关系，无法就双方之间的关系达成协议。在现阶段，受雇人员的个人权益不受法律保障，也没有明确的规定。

2. 高级雇用型阶段

随着企业管理日趋完善，管理标准不断提高，现代酒店业不管是从规模还是从内部管

理方面都有了明显的改善，酒店的人力资源管理也开始向更高级的方向发展。随着人力资源管理日趋规范，用人单位和劳动者之间的关系也更加明确，双方之间的关系已经开始在法律框架的基础上达成共识，这主要体现在签订劳动合同上。此外，在法律的保护之下，雇员在选择工作方面拥有更大的自主权。劳动者与管理者之间的关系已开始在法律框架内运作，工作关系已成为双方独立达成的法律合同关系。

3. 资源管理型阶段

酒店的工作具有高度的重复性和乏味性，使得该行业从业人员的离职率很高，这直接影响到酒店业的服务质量，不利于酒店的稳定运营。从另一角度来说，酒店管理者也意识到人员管理的重要性，需要转变思维和用工方式。为了更好地发挥员工的作用，保证员工更加稳定地开展工作，管理者制定了更加合理、人性化的措施来进行管理。例如，通过更好的福利条件吸引员工，并通过日常培训来让员工的凝聚力增强。此外，企业还可通过鼓励员工入股来激发员工的积极性和创造力，让其成为企业的股东，充分发挥员工的主人翁意识。

（二）酒店人力资源管理面临的要求

1. 对专业人才综合结构的新要求

酒店管理专业人才的综合结构及能力包含了人才的知识结构、能力结构以及素质结构三个方面。

首先，在人才的知识结构上，不仅需要酒店工作人员掌握酒店行业的各种专业知识，还需要其对市场的变化有深入的了解，具备较为丰富的公关、礼仪和酒店管理等知识。在越发激烈的市场竞争中，酒店行业对管理人员的需求逐渐呈现出多样化的趋势，因此，仅具备基础理论知识的人才并不能满足现代酒店发展的要求。

其次，在人才的能力结构上，酒店的服务性决定了管理人员需要具备较强的沟通、公关等能力，能够帮助酒店解决一系列实际问题。同时，管理人员需要具备相关酒店管理和服务、产品营销、计算机操作以及创新等能力。在新形势下，酒店管理人员的能力结构呈现出多元化的趋势，由单一的能力结构转向公关及营销等方面的综合能力结构。

最后，在人才的素质结构上，需要酒店管理人员在具备基本职业素养的前提下，具有良好的服务意识、行为观念、人文关怀等。

2. 酒店行业对管理人才的基本要求

目前，我国酒店行业对管理人员的基本要求主要体现在管理人才的人格魅力、社交能力以及专业知识等方面。首先，在人格魅力的呈现上，需要酒店管理人员具备创新和开拓思维，具有责任心，敢于接受挑战。在具体的工作中，酒店管理人员要树立终身学习的理念，并且要具备现代化管理意识，从而成为酒店发展的内在推动力。其次，在社交能力上，要求酒店管理人员具备先进的管理理念，对人力资源进行合理的配置。在实际的工作中，要充分发挥激励机制的作用，全面激发员工的工作热情，同时还需要重视人才的选拔，将优秀的人才引进酒店，为酒店的发展提供充足的人力资源。最后，在专业知识上，需要酒店管理人员具备较为丰富的知识储备，包括文化、旅游、商业等方面的知识，并能够将学习的知识运用于具体的管理工作。

五、酒店人力资源管理的意义与目标

（一）酒店人力资源管理的意义

酒店行业是服务性行业，其服务能力的高低，会直接对酒店的发展产生影响。从实际状况来看，酒店整体的服务能力和人员专业水平密切相关，可见人力资源管理工作会直接对酒店发展产生影响。首先，人力资源管理可为酒店工作顺利开展提供保障，顾客入住与离开酒店全程，都在和酒店服务人员接触。酒店服务人员提供多元化的服务，满足顾客个性化需求。为保障服务质量，酒店各职能部门必须积极配合人力资源部门的工作，一同为服务工作高效开展提供助力。其次，人力资源管理有助于组织职能的发挥，酒店的组织规划与职能部门建设，以及人员招聘、培训，都是持续性的过程，而在此过程中涉及的各项工作都是相互独立又紧密关联的。最后，有助于优化组织结构，主要体现在以下两个方面：一是精准评估酒店的战略内容和组织结构匹配度。通常来说，酒店战略和组织结构需要保持高度匹配。二是可精准评估各岗位工作职能。在各岗位工作量汇集的基础上，判定岗位承担的责任，如此可更好地控制管理层，避免组织臃肿、沟通不畅等问题的出现。

（二）酒店人力资源管理的目标

1. 建立一支专业化的员工队伍

为了保障酒店正常运营并获得良好的社会效益和经济效益，不仅必须有许多优秀的员工来为顾客提供服务，还要保证员工的综合素质达到酒店的运营标准和条件。酒店要想在行业中发挥优势，凸显地位，就要建立一支技术过硬、素质过强、具备良好职业道德的专业化的员工队伍。专业化的员工队伍必须经过管理者的自觉选择、培养和激励，即人力资源的开发和管理，并经过一定时期的培养和培训才能逐步形成。优秀的员工是酒店的核心竞争力。酒店管理者要根据酒店的发展需求来培养人才，为酒店创造财富，加强酒店的核心竞争力。要做好员工的培训管理，不仅要进行业务技能培训，还要进行服务和思想道德方面的培训。

2. 充分调动酒店员工的积极性

员工的管理不仅仅体现在“管”上，更要发挥出“理”的作用，通过相互尊重，相互合作，实现双赢。酒店人力资源管理的最终目的是充分调动酒店工作人员的热情。也就是说，要采取各种有效的激励措施，发挥最佳的团队效应，营造良好的工作环境，最大限度地发挥酒店员工的热情和创造力。

第二节　酒店人力资源管理的内容

一、酒店人员招聘

（一）酒店人员招聘的概念

人员招聘可以被划分为两个相对独立的环节：一为招募，二为选拔聘用。酒店招聘要取得最大成效，就必须在最合适的时间选择最适合的方法和工具来实现人岗之间互相适应，让人员能够更有效地服务于酒店的需要。在全球化的时代背景下，酒店的竞争比以往更加激烈，招聘活动要以新的消费者驱动理念来开展。酒店对外开放的岗位，就是求职者要购买的商品，招聘活动就是要帮助求职者获得相对应的岗位，同时帮助酒店获得所需的人才。

人员招聘过程也可以分为两个层面来理解。从广义上讲，招聘是指酒店根据自己的需要而设立若干空缺职位，经过内部或对外的招聘和录用，吸引符合职位要求人才的过程。从狭义上讲，招聘是指酒店根据自己的业务需要而设立若干空缺职位，采用向外界发出招聘消息的形式来吸纳满足职位要求的应聘者来应聘的活动。相对于广义层面来说，狭义层面所指的招聘并未把录用包含在内。也有业内专家认为，招聘正是通过各种信息传播的途径，寻找符合酒店要求的人才。

（二）酒店人员招聘的目的

酒店人员招聘的目的，就在于酒店通过制订一系列的计划，在招聘成本与招聘效果尽可能最佳的前提下，为酒店找到可以胜任所需岗位的员工，实现酒店的生存及发展。

从酒店短期发展情况来看，招聘的目的就是及时补充酒店人员缺口，采用招聘的形式寻找能力和职位要求相符的人才，使整个酒店能够顺利运作。从酒店的长远利益考虑，酒店的发展需要普通员工及人才的储备，而人员数量和质量获得与招聘工作开展是否良好休戚相关。人力资源规划是否科学合理、人员储备制度能否健全将对酒店核心竞争力产生重要影响。此外，人才招募也与酒店品牌的传播及品牌形象的培养有着直接关系。

（三）酒店人员招聘的原则

酒店工作人员是酒店的基石，酒店的一切活动都是由酒店的员工来完成的，所以员工招聘是酒店人力资源管理的基础。酒店人员的招聘只有在遵循一定原则的情况下，方可确保人力资源管理工作的有序推进。酒店在招聘过程中，必须坚持以下的原则。

1. 前瞻性原则

随着国内外人力资源管理战略地位的不断提升，酒店招聘的主要任务不再是单纯地获得可以弥补职位缺口的人才，而且要获得酒店赖以生存和发展的重要战略人才。现阶段在招聘时，酒店所关注的不再是员工能否符合当前的岗位需求并完成岗位所赋予的日常任务，而是更加注重员工未来的成长能否与酒店的发展规划相适应，员工能否为酒店战略目标的实现添砖加瓦。同时酒店不再是缺什么岗位招聘什么岗位，还要从酒店未来发展的角度进行人力资源规划，这样既减少了酒店招聘的盲目性，又为未来酒店发展所需人才储备打下一定的基础。

2. 能级匹配原则

酒店在进行人员的甄选及录用时应当因职选才，本着“不求最好，但求合适”这一原则。小材大用会导致贻误工作，而大材小用则会导致学历虚高或人才高消费。在招募岗位所需员工时，在合适的基础上要给岗位胜任度留有一定的空间，使录用来的员工在满足岗位能力需求的基础上，又有一定的培养潜力，为酒店的未来发展做准备。遵循能级匹配原则可以在一定程度上提高酒店的人员稳定性，减少新员工流失率。

3. 公平公正原则

公平公正原则，是酒店招聘的一个基本准则。酒店的任何一个招聘项目，均将秉着公平、公正的态度面向社会开展招聘。酒店的招聘过程和招聘项目的有关制度的建立也均要遵循公平公正的原则，给每个应聘人才创造公平的工作环境，并防止套交情、走后门等情况的发生，以此确保招聘结果的真实可靠。

4. 差异化原则

酒店应根据自身在行业中所处的地位来制订相应的招聘计划；要根据酒店的自身状况、外部环境及国家政策的不同制订有针对性的招聘策略；同时在实施招聘中，要充分考虑有关法规、劳动力（人员）的供需状况、地域条件等。特别是跨国酒店，在当地招聘时还应充分考虑当地的民风民俗等情况。坚持差异化的招聘原则，能够在一定程度上提高招聘的效率及质量，同时降低相应的招聘成本。

5. 竞争原则

招聘的目的是在应聘者中根据岗位的需求“优中选优，差中选好”。要想完成这一目标，首先通过履历调查、结构化测评、业绩考核等各种步骤，以明确考察应聘者的优劣。其次应该通过各种招聘渠道让更多的求职者前来应聘，因为应聘者的基数越大，应聘者之间的比对越明显，求职者之间的竞争也越激烈，就越容易选拔到优秀人才。最后，酒店要想争取到更多的应聘者参与竞争，还必须了解作为竞争对手的其他酒店的现状，通过有针对性地制订不同的招聘日期以及招聘方案和政策，从而有效提高应聘者的数量和质量。

（四）酒店人员招聘的一般流程

1. 招聘前的准备工作

招聘前的准备工作包括明确人力资源规划、进行职位实际工作数据分析以及确定招聘途径。

第一，人力资源规划是指按照酒店规划的发展战略，结合外部市场环境，科学地预测酒店在未来一定时期内的发展过程中人力资源需求状况，从而制订的规划。一个比较科学完备的人力资源规划，一般包括以下两个方面的内容：其一为整体规划；其二为若干项的具体经营计划。人力资源规划，能够确保酒店在人才规模与效率方面的发展，保证酒店的长远利益。

第二，做好岗位实际工作数据分析，有助于酒店招聘到适合所需岗位的人员，并在适当成本区间内保证酒店人力资源管理工作更坚实、更彻底。该分析方法主要是研究招聘岗位人员的职责标准，包含岗位的主要工作内容和什么样的人适合这个岗位。通过工作数据分析，得到该岗位说明书以及关键性指标，才能为人员的选择和招聘提出依据。

第三，招聘途径的选择需要综合分析酒店的人力资源规划、招聘岗位的要求等。综合考虑这些因素，会大大提高招聘的准确性，在一定程度上降低招聘成本，同时兼顾应聘者的数量及质量。

2. 招聘流程

酒店的人力资本源管理部门在进行招聘时，一般要在酒店的人力资源规划以及岗位分析的基础上，制订科学的招聘计划，公开发布招聘信息，筛选、录用人员。

第一，制订科学的招聘计划。招聘计划是酒店人力资源部门依据用人部门的增员申请，根据酒店人才战略和岗位职业需求，明确特定阶段需要招聘的岗位、员工规模、素质条件等情况，并提出具体的招聘项目的实施计划。

第二，公开发布招聘信息。一般而言，酒店应该针对自己的特殊需要面向不同群体公布招聘信息，并按照目标群体的行为规则及时公布适当的招聘信息。在酒店面向社会人员招聘中，应该针对酒店需要定期公布招聘信息；在酒店面向学校人员招聘时，应该提早一年至半年公布招聘信息。其实，当酒店面向学校人员或社区公布招聘信息时，不仅会引起应聘者的注意，也对酒店未来的潜在目标用户群体进行了潜移默化的传播。所以，酒店的招聘信息不应该仅仅简单地包含着职位要求和工资待遇等基本信息，更应该合理地把酒店发展、未来的成长目标及其工作所涵盖的范围包含在内。同时，招聘资料中有关职位的资料、毕业生所需满足条件和酒店的联系方式、电话等信息必须详尽、真实。

第三，招聘途径的选择。酒店编辑完招聘信息后，会选择相应的招聘途径进行发布。招聘途径包括电视、广播、报刊、专门的网络平台，还包括酒店自己的官网、官方微信、官方微博和专门的猎头酒店等。酒店在招聘过程中，人力资源部门要针对各个职位要求，统筹考虑不同招聘途径的优势，灵活地进行选择，尽量在多种招聘途径之间进行协调，从而按时招募到符合酒店要求的人员。

第四，人员的甄选与录用。人员的甄选与录用是招聘过程的重要环节，对招聘一方来说，一般要通过笔试、面试等方法，综合评价应聘人员的能力，并按照所需岗位的要求与标准，选择符合岗位要求的应聘者并正式录用。从酒店自身的角度来看，各酒店的人员甄选过程有所不同，即便是同一酒店，在面对不同的岗位时，所编制的选拔、录用程序也不尽相同，酒店根据岗位性质的不同，在人员选拔、录用的标准上也有一定的侧重方向。对酒店行业来说，招聘中层管理人员与招聘基层员工时，其侧重点也不相同。面对基层员工的招聘应更注重员工吃苦耐劳的品质、身体素质以及与酒店客户沟通的能力，而专业知识则在其次。对于负责招聘的人力资源部门来讲，应根据岗位不同需求，制定相应标准，以帮助酒店选拔出优秀的人才。

现阶段，就酒店而言，一般会选择以下几种招聘方法。

第一，心理测试。酒店根据所需岗位的不同，挑选一些符合岗位特征的心理测试题或是可以分析应聘者性格特点的心理测试题。通过考核结果来反映应聘者能否胜任该岗位。根据胜任力模型，应聘者之间能力上的不同主要是通过专业的技术水平以及藏在水面之下的性格特征等体现出来，而心理测试可以在一定程度上反映这一问题。因此心理测试现阶段是最普遍且酒店比较爱用的一种测试方法。

第二，笔试。所有的酒店在进行招聘时，对应聘者的专业技术知识都十分重视，因此酒店使用最多的测试手段就是笔试。此外，酒店通过调节笔试的难易程度和时间长短，也可侧面评估求职者的应变能力。在对求职者的专业知识进行考核时，所编制的笔试题目要符合所需岗位的特点。通常情况下，应由岗位的招聘主管部门来编制笔试题目，然后再交由人力资源部门统一考评整理排序。

第三，面试。通过面试，酒店的应聘专员和岗位需求负责人可以更直观地了解求职者，同时这也是应聘者自我展示的途径。面试的形式是多样的，酒店既可以采用比较普通的问答式，也可以采用现阶段较流行的情景式，或者是压力式、综合式等。面试时，酒店人力资源部门会联合岗位的招聘部门，专门设立相应的考官，通过观察或者谈话等方法对应聘者的人际关系、临场反应、行为言谈等方面进行了解，最后做出客观评价。

3. 招聘后的评估

在人员的甄选及录用后，酒店的人力资源部门便会对本次招聘操作过程、招聘成果情况以及招聘成本等情况做出系统化评估。其中，对招聘操作过程的评价，一般是由求职者对招聘信息的公布、人才评估和招聘工作的相关过程做出满意度评价。招聘成果的评估主要是判断招聘的规模与原来所要求的招聘规模是不是相符合，以及招聘的人才是不是满足岗位需求，是不是能够与酒店实现长期的战略需求相符。招聘成本的评估将采用传统招聘评估中的成本效益方法，根据招聘机构的实际开支情况，把不合理的开支费用在未来的招聘中去除，大幅降低人力资源成本。

二、酒店人员培训

（一）培训的意义

对员工来说，培训能够使其胜任岗位，提高工作效率和工作质量，完成绩效目标，同时增强员工对企业的归属感和认同感，激发员工潜力，实现个人价值。对企业来说，培训的开展在提升员工的工作技能、培养员工的行为规范的同时，能够建立起一支专业化较高的人才队伍，在企业内部培养学习氛围，进而实现经营目标。

（二）培训的原则

1. 目标导向原则

酒店的经营战略作为开展各项工作的指导纲领，对酒店各方面的工作都具有指导性的意义。培训作为人力资源管理的一项工作，同样应在酒店经营战略的指导下进行，并且随着内外部环境的不同，经营战略会随时做出调整，会对培训提出新的要求。因此，培训工作应该在酒店经营战略的指导下进行，这样才符合酒店经营发展的需要。

2. 差异化原则

差异化指的是对培训对象和培训内容的选择方面，对特定的人群进行有针对性的培训。如对中层管理人员的培训，从对象上，中层管理人员既是执行者也是领导者的特殊角色，通过对其开展培训，能够培养其带领团队实现发展目标的能力，对该群体开展有针对性的培训是必要的；从内容上，根据中层管理人员的岗位特点设置有别于其他员工的培训内容，这样最大限度地发挥培训的作用。

3. 激励性原则

激励包括了正向激励和反向激励，通过正向激励来激发员工参与培训的热情，通过反向激励可以在一定程度上对员工产生约束作用。将激励机制贯穿于整个培训的过程中，可以最大限度激发员工的参与度，以确保培训效果。

4. 实效性原则

培训除了进行知识的输入之外，还包括对知识的输出，培训内容的实效性决定了能否将理论运用于实践，衡量培训结果的重要指标就是对培训效果进行评估。

5. 目标性原则

培训的开展应围绕具体的目标来进行，员工带着清晰的目标参加培训，一方面对培训课程的学习更加有针对性，另一方面有利于对培训的结果进行考核。目标的设定是开展培训活动的指向标。

（三）培训的流程

1. 培训需求分析

酒店企业可以通过分析工作岗位需求和员工工作能力之间的差距而形成培训需求。通常情况下，该项工作由人力资源部门来完成，人事部门将借助问卷调查、访谈调查等分析工具和方法来对员工的工作能力进行一定评估，进而确定培训的必要性程度。应该如何缩减岗位之间的差异成为该项培训环节的根本目的。

2. 培训方案制订

一套培训方案通常包括培训流程、培训内容、培训形式、评估结果、培训编制和培训预算。在方案制订前，首先需要在培训计划开展前了解学员的培训需求以确定培训顺序，并对培训内容、培训所需资源、设备配置进行综合考虑。

3. 培训课程设定

在培训课程确定之前，培训师应当清楚地了解培训的目标，如此一来便能制订相应的培训内容和培训计划。一项明确的培训目标，不仅能够帮助培训师设置合理的培训课程，同时对培训师的教学水平和学员的接受程度也有着显著的帮助。具体而言，酒店的培训目标通常是根据员工的工作标准来确定的。在制订培训计划时，应考虑能力要求和酒店目前面临的问题，以确保充分考虑课程类型、课程内容、培训时长、员工接纳能力等。

4. 培训方式选择

在了解培训需求并确定培训目标后，酒店需要根据不同的培训目标开发出不同类型的培训方式，培训方式往往决定了培训的最终成效。为了保证培训方法能够满足实际需求，酒店不仅仅要考虑培训目标，还应当将受训者特点、培训内容、酒店资源等考虑在内。

5. 培训效果评估

培训效果评估是对培训课程形成有效的反馈计划部署，是整项培训模式的节点之一。培训效果评估不仅是培训环节之中的最重要节点，也能够成为下一环节的依据。在效果评估过程中，培训效果评测对于更改需求以及完善部署有着很重要的作用。现实中，培训效果基本上都是在培训过程之中进行完善，主要针对培训员工的基础素质，所收集的信息具体涵盖培训收获、培训师评估、学员评估等。

评估培训结果的方法有多种：一是访谈法，与被培训人员面对面交谈，直接了解被培训人员对培训方案的反馈，包括所获得的知识、技能和对培训方案的看法；二是观察法，主要观察被培训人员在培训后的工作表现；三是笔试法，在培训结束后对被培训人员进行知识层面的测试；四是问卷法，通过开放式问题和封闭式问题对被培训人员进行问卷调查；五是讨论法，通过集体讨论试图从多个角度考察培训的情况。

三、酒店人员薪酬管理

（一）薪酬及薪酬管理

薪酬是指员工在酒店中因为付出劳动而获得的回报，除了薪资外，还可以享受福利待遇、绩效奖金等项目的报酬。薪酬管理是酒店为发展战略目标，通过科学合理的薪酬制度去激励员工，设计和审核激励程序，让员工为酒店做出最大的工作成绩，创造最大的劳动价值。它是酒店的一整套系统，是酒店对员工的支付、结构、组成、规章等进行审核确认再支付的一种动态程序。

（二）薪酬管理的主要内容

薪酬管理是指酒店在经营战略和发展规划的指导下，综合考虑酒店的内外部各种因素的影响，确定自身的薪酬水平、薪酬结构和薪酬形式，并进行薪酬调整和薪酬控制的整个过程。其目的在于吸引和留住符合酒店需要的员工，并激发他们的工作热情和各种潜能，最终实现酒店的经营目标。

1. 薪酬体系

薪酬体系是酒店或者组织的人力资源整个框架下的一个子框架。这个框架设定员工在这个公司或者组织中的位置和价值，即员工在这个位置上，组织为其支付薪酬所设定的程序和政策。薪酬主要是由固定薪资、绩效薪资、混合薪资等几部分构成的。

2. 薪酬结构

薪酬结构是酒店中各种工作或者岗位在框架中的位置所对应的薪酬水平的比例关系，主要由基本薪资、福利薪资、津贴、奖金等构成，它涵盖了不同工种和不同层次的工作之间报酬差异的相对比值和绝对水平。

3. 薪酬水平

薪酬水平是指酒店员工在薪酬框架中各个位置的薪酬水平高低，其薪资的高低实际就是酒店的整体支付实力和外部竞争力，它是影响到酒店在这个劳动力市场能否招揽得到人才的判断依据。它也是酒店之间的薪酬关系，反映了当地市场的薪资行情和酒店之间支付薪酬能力的高低，能在招揽人才上给予吸引力和期望值标准，实际上就是薪酬的激励性。这个水平高低直接反映出员工的价值和对价值的竞争，有利于吸引更多的人才和塑造人才。

4. 薪酬管理政策

薪酬管理政策是酒店针对薪酬运营的任务、目标和方法的一种选择，它涵盖了酒店薪酬管理的竞争策略、预算控制、成本控制等方面的内容，从而确保酒店员工对薪酬系统的认可，有助于酒店的经营战略和员工实现自我价值。薪酬管理策略是通过向酒店员工了解酒店的薪资期望的政策，并对员工愿意与酒店战略愿景期望值一致的思想和行动上的一种奖励性政策。

5. 薪酬管理制度

薪酬调整制度是衡量员工薪酬和岗位工作能力是否相匹配的主要方式，保持员工工资随着工龄、岗位、工作环境的变化而调整。利用科学合理的规章制度考核劳动力，符合市场薪酬水平，适时调整薪资待遇，能够有效提高酒店竞争力。

（三）薪酬管理的影响因素

1. 外部影响因素

第一，法律法规。基于社会对这个职位在社会上的位置所受法律和规定的限制所给出的认同价值，不能任由市场去哄抬或贬低其价值。

第二，物价水平。基于当前社会的生活水平，限制各个行业和领域的劳动薪酬水平，不能让某个领域出现“性价比”极高的生产岗位。

第三，劳动力市场状况。薪酬水平的高低也与劳动力市场供需状况有关。

第四，其他酒店的薪酬状况。有市场必定存在竞争，薪酬是酒店各个岗位在招聘市场上竞争力的重要体现。合理的薪酬体系有助于酒店吸引适合自身发展的人才。

2. 内部影响因素

第一，酒店的经营战略。酒店处于不同的生存环境和发展阶段时，对人力资源的要求也不一样，人力资源规划必须同酒店的发展战略相一致，这样才可以为酒店提供适当的人才和岗位。如处于快速打响知名度时期，应该在薪酬分配上多给予销售人员提成和鼓励；开拓新领域和市场时，应该招揽更多的专业队伍和资源，为酒店做好充足的人才储备。

第二，酒店的发展阶段。薪酬管理是随着酒店发展不同阶段的经营战略的实施进行实时调整的。初创期，基本工资低、奖金高、福利低。稳定期，基本薪资高、奖金低、福利高。更新期，基本薪资高、奖金高、福利低。不同的发展阶段，薪酬管理的对象是不一样的，侧重点随时变，这就导致薪酬支付的对象不可能一直不变。

第三，酒店的财务状况。基于酒店的财务角度出发，薪酬管理的重点在于成本的控制和预算。薪酬管理除了保证薪酬的公平性和激励性，还能为酒店节约支出，进而提高酒店的利润空间。如果酒店财务方面出现问题，那么酒店员工的薪酬就无法得到保障。

四、酒店人员绩效考核

（一）绩效

管理学领域一个非常常见的专业用语就是绩效。通常意义的绩效指的是成绩和成效的集合。而在具体的应用当中，通常将单位或个人在某一特定时间内的投入与产出比作为衡量绩效的主要依据。换言之，可以将其视为在特定时间段内对工作情况或运行情况的一种有效描述或评估。考核结果是绩效考核的重要内容，此外，绩效考核还涉及对过程的考察。

个人绩效、组织绩效被管理学领域的研究人员普遍认为是构成绩效的两大核心内容。个人绩效和组织绩效之间是一对紧密联系的共同体，前者是后者得以实现的重要基础，也就是说，组织绩效目标的实现是建立在组织内部不同员工个人绩效目标实现的基础上的。

（二）绩效考核

绩效考核通常是指企业采用科学合理的目标对特定时间段内员工的工作表现进行的全方位评估，评估结果也被作为后续员工激励的重要依据，整个过程被称为绩效考核。

借助于合理的酒店发展战略对酒店员工在以往一段时期内的工作表现进行评价是酒店绩效考核的主要内容，同时需要结合考核结果对员工的工作表现进行必要的奖励或惩罚，这也是提升员工工作能力和工作表现的一种有效方式。

（三）绩效考核方法

目标管理法（MBO）、360 度考核法、目标和关键成果法（OKR）、平衡计分卡（BSC）和关键绩效指标法（KPI）是目前常用的五种绩效考核方法。以下对这五种考核方法的优缺点分别作出阐述。

1. 目标管理法（MBO）

彼得·德鲁克在 20 世纪 50 年代发表的论著中创造性地提出了“目标管理”的基本概念，该概念被视为目标管理法的理论起源。该方法主要是按照既定目标，参照组织发展目标对组织经营过程中的经营行为设计合理的规划，以达成整体目标。

在具体实施过程中需要基于不同层级员工的个人目标来整合整体性组织目标体系，因此，绩效管理或绩效考核的重要因素就是特定时间内不同员工个人目标的完成情况。目标管理法主要优缺点如表 5-1 所示。

表 5-1 目标管理法主要优缺点分析

优点	缺点
（1）对于组织内部发展目标的拆解和明确具有非常积极的作用，同时还可以显著避免出现责权模糊的问题 （2）直接反映了员工的工作内容，结果易于观测，不容易出错	（1）对过程和关键结果控制较少 （2）无法实现在不同部门、不同员工之间设立统一目标，不能横向比较 （3）不符合公司层面对指标的要求，有指标脱离基层业务实际的风险

2.360 度考核法

360 度考核法作为一种涉及多方参与的绩效考核评估方法，参与者包括了被考核者的上下级、同事以及业务伙伴、顾客等，参与方式为匿名参与。这种多方面评价的方式有助于更好地找到被评价对象在工作中存在的缺陷和问题，并且进行及时的修正。同时，采用匿名评价的方式有助于提升信息的可信度及真实性，极大地避免信息采集对象抵触情绪的产生。

360 度考核法主要优缺点如表 5-2 所示。

表 5-2 360 度考核法主要优缺点分析

优点	缺点
（1）全方位多角度进行考核，考核结果更加真实 （2）不仅关注工作业绩和成果，也关注平时的工作态度和工作情况 （3）员工参与度高，更具有激励性	（1）参与人数众多，考核成本高 （2）同级考核容易出现“徇私”现象，影响最终结果 （3）考核过程烦琐，时间长

3. 目标和关键成果法（OKR）

目标和关键成果法诞生于互联网企业。目标和关键成果法属于目标管理方法中的一种，这个方法由英特尔公司提出，后被应用到谷歌公司管理中。在 2005 年后，目标和关键成果法被推广到许多 IT 企业并开始流行起来。目前目标和关键成果法多用于互联网企业。目标和关键成果法主要优缺点如表 5-3 所示。

表 5-3 目标和关键成果法主要优缺点分析

优点	缺点
（1）员工参与，增加归属感和积极性，提升员工能力 （2）既聚焦目标也关注关键结果，能够聚焦组织的关键 （3）有助于上下左右部门间协同	（1）对个人识别目标的能力有一定要求 （2）在有创新型业务的组织中更适用 （3）制定的过程需要反复多次的沟通确定

4. 平衡计分卡（BSC）

平衡计分卡的基本思想是从四个维度来考核企业绩效、部门绩效以及员工个人在工作中的绩效水平，这四个维度分别是财务维度、顾客维度、内部流程维度以及学习与发展维度。需要指出的是，上述四个维度之间不是单独存在的，它们之间是互相联系的。平衡计分卡主要优缺点如表 5-4 所示。

表 5-4　平衡计分卡主要优缺点分析

优点	缺点
（1）具有战略导向，把企业战略转化为具体的目标和评估指标 （2）兼顾了财务指标和非财务指标 （3）克服了传统绩效考核体系的片面性和主观性	（1）建立比较困难 （2）平衡计分卡指标数量较多，操作难度较大

5. 关键绩效指标法（KPI）

关键绩效指标法主要是借助于关键性指标的明确来对流程绩效进行合理评估的方法。关键绩效指标的明确有助于管理者准确把握企业经营过程中的主要矛盾，这样能够将企业的有限资源集中于某一特定的问题方面，并加以解决。这种原理有助于在开展绩效考核时制订出与组织绩效息息相关的关键性量化指标。关键绩效指标法主要优缺点如表 5-5 所示。

表 5-5　关键绩效指标法主要优缺点分析

优点	缺点
（1）考核指标可以量化，具有可操作性 （2）目标导向明确，KPI 是通过分解和细化企业的战略目标而制订，直接反映了企业的目标实现程度	（1）很难确定影响绩效的关键性指标 （2）考核的方式相对单一，容易陷入机械化的考核操作中

第三节　数字战略视角下酒店人力资源管理发展方向

一、打造互联网营销平台，吸引网络营销人才

在数字经济视角下酒店想要跟上时代的步伐，加强对互联网平台的打造就显得尤为关键。酒店可以通过创建自己的网络平台，发布酒店相关信息与产品，进行营销宣传。同时，通过研发酒店 App，向各大互联网平台推送酒店信息，投放广告，增加酒店的曝光率，实现线上线下宣传双管齐下。另外，人才作为营销工作的主体，酒店还需提高对人才吸收与培养的重视程度，通过内部培养和外部招聘的方式，组建起一支专业的营销队伍，充分发挥现代信息技术的优势。

二、创新酒店人力资源管理模式，提升酒店凝聚力

对酒店管理模式的创新，最为关键的步骤就是对酒店人力资源管理模式的创新。酒店可在创新人力资源管理模式的基础上，为员工制订详尽的个人发展规划，提升其工作积极性，进一步提升酒店的凝聚力，带动酒店的不断发展。具体可采用如下措施。

首先，酒店应遵循以人为本的管理理念，设计出具有鲜明人性化特点的管理机制。对于员工的业绩考评，应尽可能保证合理、公正、公开，对各项奖惩制度的落实也应有理有据，增强员工对酒店的归属感。酒店的管理者应尽可能主动地关心员工，了解员工在生活上遇到的困难，解决员工的后顾之忧，保证其能够以最为良好的状态，投入每一项工作之中。

其次，酒店应进一步完善岗位晋升制度。酒店的人力资源管理部门应帮助员工做好其职业发展规划，让员工的个人发展能够与酒店的发展融合在一起，实现共同的进步与发展。对于岗位晋升制度，酒店应不断完善，做好对酒店员工各方面能力的考核，对于优秀的员工应及时给予肯定，提升其工作积极性并晋升其职位，让员工能够自发地将个人的发展目标与酒店的发展目标结合在一起，实现协同并进。

最后，酒店还应为员工制订合理的培训计划。酒店的人力资源管理部门可依据各部门的实际情况，为员工制订详尽的培训计划。特别是对于管理型的人才，应加大培养力度，通过有效的培训手段，提升员工的综合素质，以优秀的人才队伍，带动酒店的进一步发展。

三、保障人力资源管理评价指标落地

（一）基于需求理论搭建人才发展路径

企业人才发展路径，应充分考量马斯洛需求理论，首先对人才需求进行分级分类，可分为企业高管、中层管理、基层员工三大类。

基层员工，占企业员工的绝大多数，是当前急需解决的重点。根据调研可知，酒店从业基层员工群体中，多数人员的教育水平不高、基本学历偏低，工资低于当地平均水平，但由于城市旅游旺季节奏基本一致，造成在旺季期间基层员工难求的现象。对于酒店企业来讲，对安保、客房服务、保洁等基层员工，重点关注基本生存保障。建议在旺季设立旺季绩效奖金，保障足够的人力供给量。在淡季，由于工作量降低，则考虑在保障基层员工待遇的情况下，与部分临时招募人员解除劳务关系，对企业不会产生根本影响。淡旺季的差异化用人策略设计，能保证企业的成本控制和旺季的用工需求。

而对于正式技术员工及企业中层管理者，应重点考量其自我价值实现的需求。一是为

其搭建清晰、明确、科学、高效、公平、公正、公开的培养晋升体系，设定年终奖金、管理岗位补贴，通过授权、分利、担责的形式，提升他们的责任感和归属感。培养他们的经营合伙人心态，由为公司打工转变为管理自己的公司，强化其自我价值实现，以较少的现金激励，实现较大的价值效果。二是建立管理、专业技术双通道发展途径。

对于具备领导才能的员工，优先鼓励晋升为管理者；对于领导才能稍微欠缺但业务能力突出的，要鼓励其晋升专业技术通道，分星级兑现不同的薪点等级，保障业务骨干的收入和待遇。

（二）构造酒店业科学人才管理机制

酒店业的人才管理机制，也应向沿海一线城市大型企业的管理模式靠拢学习，如业绩保证可从平衡计分卡绩效管理模式导入，纳入360考核体系，从上级、下属、客户等多个角度进行考核，任务目标保证一致性，利用OKRS管理方式，保证工作开展的过程中企业内部上下持续修正及工作目标的统一性。

另外需考量企业内部的管理体系与机制，可参考国内一线城市酒店业管理模式，如关键核心之岗位职能，采用135或138的扁平化管理模式，即一个高管管理3～4个中级主管、一个中级主管管理5～8个基层员工的模式，简化内部管理层级，优化内部管理人员的幅度。砍掉企业内部臃肿组织，降低中高阶高薪人员的占比，将更多的资金供应给酒店的管理模式优化或基层的核心，激励提升其归属感与稳定性。

1. 酒店人才梯队与运作机制设计

酒店内部的人才梯队建设必须提上日程，保证从基础员工、优秀员工、储备管理者、基层管理者到中层管理者、接班人、高管合伙人，形成完整的企业内部人才梯队，呈金字塔形式进行建制并制定各类群体的人才标准，从资历、学历、能力、技能、经验等各方面，设定相应的评估机制、岗位说明书和胜任力模型，再根据整体的人才梯队模型，对酒店内部现有人才进行测评，将测评结果与人才地图模型相互套用，形成人才分布地图现状。

对优秀核心员工群体，提升激励水平与待遇层级。对普通基层员工，设定对应的提升与培训计划。对绩效表现或能力水平较差的员工，有针对性制订相应的轮岗机制或一对一辅导方案，通过重点扶持的方式提升改进，如经过1～2轮改进计划的措施，仍无清晰、明确的提升，则考虑替换淘汰，保障企业的核心竞争力。树立明确的有能力者上位、无能力者让贤的文化核心，提升员工的危机意识。

2. 危机意识管理下的接班人计划

近年来社会环境发生了剧烈变化，对部分酒店企业的经营造成了强烈的冲击，对酒店企业内部的人才稳定性也造成了非常大的影响。因此，必须启动各层级管理及核心岗位的接班人计划，至少中高层主管及核心岗位，要求长期保持 1～2 位成熟待岗接班人的状态，随时可以上岗替换。一方面，应对经营环境变化，留住核心员工。另一方面，可以快速向新开张企业内部 1∶1 复制，顺利度过经营初期的人才危机。而接班人的资质评核，可完全依现有在岗人员的水平设计，建立一定门槛，并在待遇方面倾斜，以提升接班人的荣誉感，并激励员工的参与积极性。

3. 开展员工关爱措施

一是一视同仁地落实员工关爱措施，如节日福利、员工生日会、夏季高温补贴等措施在落地时要对所有员工统一标准。员工关爱措施的一视同仁，将极大程度提振基层员工、临时性工作人员的工作积极性。二是增加迂回关爱计划，设置如节日长辈关爱礼金等，从员工年度表现绩效奖金中支出，每个重大节日以公司名义直接发放至员工长辈亲属，扩大公司影响，尤其是中青年员工面临赡养上一代和抚养下一代的责任，面对生活重担的压力较大，该项措施可显著增强员工任职归属感；发放定量入住优惠折扣券，仅限亲友享用，并额外附赠手写温馨卡片、额外享受客房升级服务；邀请家人试睡本酒店套房，VIP 亲属服务体验计划；生日会由企业主管陪同家属参加宴会，现场奖品互动游戏设计等打破企业与员工家属的界限，以较小成本，增强员工归属感与职业自豪感，并可产生潜在的正向社会影响，吸引员工亲属就业。

（三）持续正向优化机制建立

第一，通过每月、每季度、每半年、每年召开考评会议，对表现突出（较差）的单位和个人进行量化考核，持续推动绩效反馈—整改—再反馈的良性循环机制。

第二，坚持根据反馈与员工面对面共同探讨下一阶段的目标设定计划与开展方案，号召建立阳光、共融的上下级沟通关系，从计划制订、目标设计到工作任务的产出、过程监测、保障和反馈，均应遵循 PDCA 运作基本逻辑，保障内部管理方案的持续正向优化，不断进步，持续发展。

第六章　数字战略视角下的酒店营销策略管理能力的提升

第一节　酒店营销概述

一、酒店营销的概念

（一）营销

营销是一个广义的概念，它是指企业或个人通过建立和维护良好的市场关系、满足消费者需求、实现盈利目标的一系列活动和过程。营销旨在将产品或服务推向市场，并通过市场导向的方式与消费者建立长期稳定的关系。

第一，营销涉及市场调研和分析。市场调研是了解目标市场和消费者需求的重要手段。通过市场调研，企业可以收集有关市场趋势、竞争对手、消费者行为等方面的信息。这些信息有助于企业了解市场需求和消费者心理，为制定营销策略提供依据。

第二，产品策划和开发也是营销的重要组成部分。企业需要根据市场需求和消费者喜好来开发具备竞争力和差异化的产品或服务。产品策划包括确定产品定位、特点和功能，并考虑到价格、品牌和市场推广等因素。

第三，营销涉及渠道管理和销售。渠道管理是指企业选择和管理合适的渠道来将产品或服务推向市场，并促进销售。渠道可以包括零售商、经销商、代理商、在线平台等多种形式。企业需要根据产品特点和目标市场来选择最适合的渠道，确保产品能够迅速、有效地传达给目标消费者。

第四，市场推广是营销的重要手段之一。市场推广包括广告宣传、销售促销、公关活动等，旨在提高产品或服务的知名度和认可度。通过各种推广活动，企业可以吸引潜在顾客的注意力，传达产品的价值与优势，并促成购买行为。

第五，营销还涉及客户关系管理。客户关系管理是指企业与消费者建立和维护良好的关系，以提供满足其需求的产品或服务，并促使他们成为忠实的顾客。通过有效的客户关系管理，企业可以提高客户满意度、增加客户忠诚度，并获得重复购买和口碑传播的机会。

综上所述，营销是一个综合性的概念，涵盖了市场调研、产品策划、渠道管理、销售推广和客户关系管理等多个方面。通过科学有效的营销策略，企业可以更好地理解市场和消费者需求，并定位自己的产品或服务。营销的目标是创造价值，满足消费者需求，同时实现企业的盈利和业绩目标。随着市场环境和消费者需求的变化，企业需要不断调整和优化营销策略，以保持竞争优势并实现可持续发展。

（二）酒店营销

酒店营销是指促销者为使顾客对酒店的产品或服务产生赞赏而采取的一切决策和行动。它包括发现客户的需求，提供满足他们需求的产品，确定最佳的分销渠道，向潜在客户传递信息，推广产品，最后评估的整个营销过程。

酒店营销是为满足顾客的合理需求，使酒店盈利而进行的一系列经营和销售活动。营销的核心是满足客人的合理要求，最终目的是为使酒店获取利润。营销的社会基础是满足人的消费需要，酒店应对产生需求的客源进行有效的管理，分析他们的特点、类型、数量和变动趋势，所以酒店要大力发展客源市场，来开展市场营销活动。顾客的需求各不相同，可以对市场进行分类，围绕市场不同层次进行营销分类，建立多目标战略，将现有市场与潜在市场结合起来，在稳住并扩大现有市场的同时积极培育潜在市场，寻求酒店发展新的经济增长点，占据市场，实现新旧市场的共同发展。

以市场需求为酒店营销活动的出发点，树立以满足市场需求为酒店经营目标的经营指导思想，是现代酒店业营销管理的基础和出发点。当酒店产品的功能基本相似时，谁能够更贴近市场，了解市场需求，推出市场需要的酒店产品，谁就能占据更大的市场份额。为此，必须树立“以市场为先导”的理念，坚持以市场为出发点，以客户利益为核心，通过满足客户需求获取利润，这也是酒店市场营销的主要内容。

二、酒店营销的内涵

酒店营销的内涵可以总结为以下三点。

第一，提供的产品是服务。千方百计服务好客户，有针对性地满足客户个性化需求，培养客户与酒店的感情，提升客户忠诚度和满意度，让客户获得物有所值的感受。

第二，营销重点是不断实现供需双方之间的买卖行为和过程。运用营销策略和手段，做好客源组织，吸引消费，提供优质产品和服务，随时掌握客户需求变化及其对产品和服务的意见，持续调整产品和服务。

第三，营销目标是双赢。一要提高酒店入住率，获得良好的收入及利润；二要提供优良的产品和服务，满足客户的消费需求，取得良好的经济社会效益；三要创造优越的消费环境。

三、酒店营销的特征

酒店营销不同于一般产品的营销，属于服务性质的营销，其特征如下。

（一）综合性

客人入住酒店，除住宿等基础要求以外，还包含了享受食品、购物、文娱、信息沟通、商务活动等的综合要求。现代酒店营销和酒店一线人员的业务能力与技术水平息息相关，些许的失误与不周就会造成客户的流失。

（二）无形性

服务是酒店的主打产品。酒店提供的所有服务项目，包括实物产品，在酒店之外可能实际价格都不高，但在酒店内因附加着服务在售卖，故而产生无形的增值效应。客户对酒店服务质量的评价，其实就是对由服务支配的酒店产品的主观感受，这种主观感受只有超出了客户预期，才能得到客户的满意。

（三）时效性

酒店提供的服务产品必须是具有及时性和时效性的。酒店产品如果当天销售不出去，其价值就无法实现。客户退房离开酒店，服务即中止失效。

（四）易波动性

食、住、游、购等无论哪一个环节出现问题都会造成客户对酒店的负面影响和体验感。住得很好但食物很糟，或者饮食很好但购物体验不满意，都会影响到其对酒店的印象，这些交织因素会使酒店营销产生波动。旅游属于奢侈品消费，高档酒店的价格弹性系数较高。季节性波动、经济波动、社会人文方面的情感波动、自然灾害因素也容易导致酒店入住率的波动。

综上所述，酒店营销应根据这些特征，实施有效推进。

四、酒店营销的发展趋势

我国酒店业的发展自 20 世纪 80 年代起步，并在 2000 年左右时建立了明确的酒店标准。进入 21 世纪后，由于酒店的行业准入门槛较低，资金回报率比较高，大量的酒店开始涌现，在大规模占领中低端酒店市场的同时，也增加了高端酒店市场的竞争压力。随着当前我国经济发展速度放缓，酒店的高端市场存在供大于求的现象。而信息网络、移动互联网的快速发展，也给传统酒店行业的发展带来了不小的冲击。

（一）酒店信息更加透明

当前互联网的全面覆盖，使酒店的信息变得更加透明，消费者不仅仅是信息的接收者，还可以通过自身的体验对酒店进行主观或者客观的评价。信息的内容变得更加透明，同时具有互动性。在展开酒店营销的过程中，酒店的信息沟通机制发生了重大的变化，不再是传统单向的信息传递，而是变得更加多元化、多样化。在互联网的影响下，酒店营销的信息既可以通过一对一的个性化传播，还可以通过互联网用户的一对多、多对多的传播方式，使营销的方式方法发生较多的变化。信息交流互动性的提升，使酒店、顾客都可以利用互联网这一工具来达到自身的目的，同时也增加了营销过程的复杂性。

（二）线上线下一体发展

现代酒店在展开营销的过程中，线上线下营销模式的快速发展，使酒店可以对消费者的一系列消费行为进行有效的分析，在利用大数据等技术进行信息收集、分析的同时，可以建立更加准确的消费者消费模型，从而展开高效的精准营销。同时，线上营销的方式相对于线下营销，不会产生过多的营销成本负担，在利用互联网分享消费信息的过程中，消费者也可以利用互联网信息透明的特点，避免消费过程中因信息不对称所带来的不良体验。而对酒店而言，良好的线上线下营销模式可以进一步扩大消费者的用户群体，在吸引更多商家、酒店入驻的基础上，可以进一步提升消费者的消费信心，并为消费者提供优质体验的增值服务，为酒店的跨界合作提供基础。

（三）顾客消费习惯的变化

互联网的快速发展使消费者的消费习惯、支付习惯发生了较大的变化。在酒店的营销过程中，消费者通过在线模式与酒店签约的比率变得越来越高，并在支付的过程中更倾向于使用网银、支付宝、微信等移动支付手段。同时，由于互联网的影响，旅游行业与酒店的整合、合作也成为顾客消费习惯变化的重点。消费者在选择酒店的过程中，很容易受到互联网旅游平台的影响，导致酒店在营销的过程中拓展自营渠道的难度较大。

（四）酒店的跨界合作

信息技术和酒店发展理念的进步，使酒店的跨界合作变得越来越多。如酒店加创客、酒店众筹、酒店加 VR 或 AR 等方面的跨界合作，在进一步拓展酒店营销方式的同时，也为酒店的管理带来了较大的影响。一方面跨界合作可以提升酒店的曝光度，达到一定的营销效果，但监管效果不佳会导致营销风险的出现。另一方面，高新技术的有效应用可以进一步提升酒店的服务水平，但同时也给酒店的管理带来更多的变数。

第二节 酒店营销与大数据营销

一、大数据营销

（一）大数据营销的概念

大数据营销是指利用大数据技术和分析方法来识别、收集、整理和分析庞大的数据，从中获取有价值的信息，并应用于市场营销决策和实践的过程。大数据营销通过深入分析大量的数据信息，可以帮助企业更好地了解消费者行为、预测趋势、优化产品和服务以及提升市场竞争力。

（二）实施大数据营销的关键因素

要成功实施大数据营销，需要考虑以下一些关键因素。

第一，数据收集与整合。确保有可靠且完整的数据来源，并建立数据集成的机制，以确保各个数据源的信息能够有效地整合在一起。

第二，数据安全与隐私保护。注意数据的安全和隐私保护，遵守相关法规和规范，确保客户的个人信息得到保护。

第三，技术和工具支持。选择适当的大数据分析工具和技术，例如人工智能、机器学习、数据挖掘等，以更好地处理和分析庞大的数据量。

第四，人员技能和培训。拥有熟悉大数据分析和营销相关知识的专业团队，并进行持续的培训和学习，以跟上技术和市场的变化。

第五，管理与决策支持。建立合适的数据管理和决策支持体系，将大数据分析的结果转化为实际的营销决策和行动计划，推动整个营销过程。

二、大数据营销对酒店营销的作用

（一）了解顾客需求和行为

酒店可以通过收集和分析大量的数据来了解顾客的需求和行为。通过分析顾客的预订习惯、偏好、消费行为等信息，酒店可以更好地了解顾客的需求，并有针对性地提供个性化的服务和推荐，从而提高客户满意度和忠诚度。

（二）建立客户画像

通过大数据分析，酒店可以建立客户画像，即根据顾客的属性、偏好和行为特点划分不同的用户群体。这有助于酒店精准定位目标客户，并提供有针对性的宣传和推广活动。

例如，对于商务旅客，酒店可以提供更加便捷高效的服务和设施；对于休闲度假客户，酒店可以提供丰富多样的康体娱乐项目。

（三）提高市场竞争力

大数据分析可以帮助酒店了解竞争对手的市场定位、服务特点以及推广策略等信息。通过分析竞争对手的数据，酒店可以发现自身的竞争优势和短板，并根据分析结果对自身的营销策略进行优化，从而提高市场竞争力。

（四）预测需求和优化定价

大数据分析可以帮助酒店预测客房需求，并根据需求情况进行差异化定价。通过分析历史预订数据、市场趋势以及其他因素，酒店可以合理安排房间价格，实现最优的收益管理。同时，酒店还可以根据大数据分析结果提前预测客房需求峰值和低谷，合理安排资源，提高资源利用率。

（五）提升营销 ROI

通过大数据分析，酒店可以更准确地估算每项营销活动的投资回报率（ROI）。酒店可以追踪和评估不同渠道的推广效果，并及时调整和优化营销策略。这有助于酒店合理分配营销预算，提高整体营销效果，确保获得最大的市场收益。

三、大数据营销的酒店营销战略体系构建

（一）酒店营销指导思想

酒店营销指导思想是整个营销体系的根基，其中重要的核心思想就是“精准营销”。将大数据作为营销的依据，需要准确地对酒店进行定位。只有对酒店进行精准的定位，才能针对具体的客户群开发出适合本酒店客户的服务产品，实现精准营销。另外，酒店的营销指导思想离不开大数据的支持，只有应用大数据技术才能实现酒店精准营销的核心思想，无论是在信息传达、客户沟通还是反馈效率上都能实现精准服务。

（二）酒店营销目标

酒店需要牢牢抓住营销战略的总体目标，根据目标来实施酒店营销战略是实现精准营销的重要途径。酒店营销目标可以包括市场目标、效益目标、其他目标等，或者设立近期目标、远期目标、月目标、季度目标等以时间作为参照的目标体系。总之，无论设立何类目标，其目的都是实现酒店利益最大化。

（三）企业营销战略阶段

根据酒店的实际情况和数字经济的特征，可以将酒店的营销战略划分为三大阶段：第一阶段是大数据的具体应用阶段，主要是收集酒店所需的信息，初步建立数据的分析构

架；第二阶段是根据已建立的酒店数据库来制订战略计划，包括目标市场的战略、关系沟通以及具体战略三部分；第三阶段是战略的实施过程，也是整个战略体系中最为关键的部分，企业应将较多的精力用在此阶段中，以实现酒店最优的经济效益。

四、大数据在酒店管理中的具体应用

（一）为酒店营销创造了新的契机

由于互联网与智能移动终端的普及，各种智能旅游 App 软件因简单、方便，能够满足游客各种各样的需求，已经成为游客出行的首选。例如，现如今许多青年游客会选择在网络上进行车票预订、酒店预订与汽车租赁等活动，并通过微信、支付宝等软件实现网上支付。游客的这些活动势必产生大量数据，而通过分析、整理相关数据，便会得到目前旅游地点选择的大致趋势，并在此数据的支撑下，对旅游行业的未来趋势进行科学预测。与此同时，通过数据分析还能够获取旅游群体的个人数据信息，为酒店企业的产品研发与管理提供实时、可靠的数据支撑。不仅如此，游客在点评的过程中，也会产生大量数据信息。此类信息虽然比较零散，但具有极高的靶向性，在经过专业人员的信息提取与语义分析之后，不仅可以将其作为制作旅游攻略的基础信息，确保旅客能够对目的酒店有更加全面的了解与掌握，还可以帮助酒店更好地了解旅游者的实际需求，为酒店营销模式的改革和完善提供可靠的数据支持。

（二）创新了酒店的营销管理

在数字经济时代背景下，不仅酒店管理方式发生了变化，其营销方式也较以往发生了很大改变。可以说，大数据使酒店营销更加趋向于个性化与多样化，这不仅使酒店营销更具有时效性，同时也提高了酒店营销的影响力。一方面，大数据迫使酒店行业加大了对网站营销与推广方式的重视程度，通过与各种旅游网站的合作，吸引网站流量。而为了在众多竞争对手中脱颖而出，部分酒店甚至自建网站，借助搜索引擎实现推广。也有部分酒店为了扩大知名度，会选择与生活资讯平台或者旅游论坛等网络营销平台合作，以此来吸引游客的关注。另一方面，随着酒店行业与旅游网站合作的不断深入，通过对游客的出游信息进行整理分析，可以对用户的形成与偏好进行大致预测，进而为其推荐更加具有针对性的旅游信息。

第三节　数字战略视角下酒店营销策略管理能力提升建议

一、创新和丰富营销渠道

打造立体化、畅通的营销渠道，是提高酒店营销效果的关键举措，对酒店营业收入提

升起到良好的促进作用。随着数字化技术发展及应用，酒店营销环境发生了变化，可以基于数字化技术手段进行营销渠道的创新和丰富，从而借力于数字化技术的优势，有效提高酒店营销效果。在实践中，酒店营销渠道的创新和丰富，具体可以从以下几个方面着手。

（一）创新和完善客房预订系统

传统的酒店预订系统无法满足数字化时代背景下顾客的预订需求，从而影响顾客的消费体验。在这种情况下，为提高顾客的关注度和认可度，酒店可以引进数字技术手段，对客房预订系统进行创新和完善。例如，推广应用全球分销系统，为顾客查询酒店产品提供便利，从而在增强其入住酒店欲望的基础上，为其便捷化预订酒店提供支持。

（二）建立交互式数字化营销渠道

当前，社交媒体在人们的生产生活中广泛应用并发挥出重要作用，成为人们生产生活中不可缺少的一部分。因此，在酒店营销活动中，酒店营销人员要充分利用数字技术，推广交互式营销渠道，发挥社交媒体的既有优势，推广酒店品牌及产品，不断提高酒店营销效果。

（三）注重与网络分销商的合作

酒店可以借助分销商的各类渠道进行广泛的酒店宣传，如借助百度、携程网等，向顾客全方位、立体化宣传酒店特色及服务内容，以提高酒店知名度。

二、在实际经营中应用大数据技术

（一）建立数字信息化营销模式

大数据技术的广泛应用是网络信息时代的必然趋势。借助大数据技术应用可以便捷地建立酒店营销推广的网络技术平台，有效实现酒店经营发展模式的快速革新，是时代趋势的必然，也是市场经济的选择。数字信息系统平台能够有效帮助酒店在网络环境中获得全新的经营市场，目前庞大的网民数量便是酒店营销宣传的范围和目标。积极的网络信息宣传能够快速提升酒店知名度，增加潜在消费群体，从而为酒店长期经营提供可持续市场资源。不仅如此，网络信息平台能够及时为酒店管理者提供顾客的市场反馈信息，帮助酒店在经营管理过程中改善服务方面的不足。另外，数字化消费模式已经是目前数字经济环境的重要交易手段，建立网络信息平台能够为顾客提供网上预订服务，以此为酒店经营管理提供更加便捷的渠道。

（二）构建独具特色的酒店风格和服务文化

酒店经营若要保持可持续的竞争优势，则需要提升酒店管理层次，建立明确的酒店文化，制定具有特色的服务风格。只有通过准确的文化特色定位，才能促使酒店在繁荣的市场环境中快速脱颖而出。凭借大数据技术手段，及时掌握同行业发展竞争形势，快速了解消费市场的偏好，能够为酒店经营管理者提供明确的数据依托，并以此为依据为酒店管理找到风格特色的定位支撑。明确的风格特色能够吸引顾客的关注，良好的服务文化能够获得顾客的消费认同感，从而为酒店提供更广阔的消费市场，以此实现酒店的经营发展目标。

（三）完善内部服务体系，提升服务管理水平

提高酒店实际服务水平，建立与酒店服务文化相匹配的服务体系，才能有效提升酒店整体经营管理结构。通过创建独具特色的酒店服务风格文化，能够有效地吸引顾客，与此同时，更要确保酒店服务水平与宣传内容相匹配，顾客在入住后得到预期的消费体验。大数据技术不仅能够为酒店建立宣传沟通平台，更能够有效为酒店经营管理建立完善的数字化系统平台。借助数字化信息技术，酒店内部管理部门可以建立客户信息档案，完善对客户服务的信息化管理，并以此为顾客提供更完善的服务体验。此外，数字化信息系统能够完善酒店内部管理体系，加强服务管理的规范性，增强服务过程中的信息沟通。在顾客入住酒店的过程中，使用信息化服务平台，内部多个部门的服务人员能够及时掌握当前入住顾客的必要信息，从而为顾客提供完整的全面服务。大数据信息技术的有效应用，在宣传酒店服务理念的同时，还能够提升内部员工酒店服务文化的意识，从而推进酒店整体服务目标的实现。

三、加强营销管理工作

（一）做好内部营销工作

内部营销是指在对酒店进行管理的过程中，需要始终秉承人性化管理的理念，为酒店的基层员工创造良好的工作环境，打造良好的酒店文化。这能让员工在工作的过程中对酒店文化产生深刻的认同感，以此来起到在内部对酒店进行宣传的效果。酒店的员工在工作的过程中，会直接和顾客接触，因此员工的行为举止会影响到顾客对酒店的印象。为了提升顾客的体验，就需要酒店的服务人员采取积极的态度来对待顾客，提升酒店的营销效果。所以在酒店经营管理的过程中，需要做好对基层服务员工的培训工作，提升员工的文化素养，从而为顾客提供更好的服务。

（二）加强调研

为了能够更好地实施酒店营销，酒店的管理者需要对酒店的市场现状有清醒的认知，在开展营销工作的时候需要改变营销工作的思路，结合时代发展趋势来创新酒店营销的方法和策略，进一步地以多元化营销的方法来提升酒店的营销效率和营销效果。因此，开展酒店营销工作之前，需要对酒店的情况展开调研。与此同时，为了能够进一步提高酒店的

综合性竞争能力，还需要酒店的管理者重视市场调研工作，提高酒店的综合性竞争能力，制订出符合酒店发展特色的营销方案。

（三）建设好酒店的设施

酒店设施的建设水平和酒店的营销效果是息息相关的。为了能够进一步提高酒店的营销效果，就需要完善酒店设施。首先，酒店需要建设好内部的设施，让酒店的内部设施能够向精致化的方向发展，以此来提高顾客的体验。酒店是以服务为中心来开展营销工作的，为了能够更好地提升酒店的竞争能力，也需要进一步地提高服务质量，以优质的服务来提高酒店的竞争能力。酒店在开展人性化服务的过程中还需要根据顾客的实际需求来做好后期的服务，使顾客可以在整个消费的过程中得到酒店的良好服务。在完成服务之后，酒店可以采取电话回访的方式来了解顾客的反馈建议，调整服务策略。

（四）结合旅游契机来调整酒店产品价格

在酒店进行营销调整的时候，需要做好酒店的精准市场定位工作，来实时调控酒店产品的价格。酒店在调整价格的时候可以从两个方面来考虑。一方面是用户本身的会员层次。另一方面，在旅游的淡季时，酒店可以提供一些优惠，吸引顾客来入住酒店，从而提高顾客的黏性，让酒店可以实现可持续性发展。一些临近风景区的酒店可以依照附近景区的淡旺季来实时调整酒店产品的价格，以此来更好地吸引顾客。在旅游的旺季，为了能够让酒店获得更多利润，可以适当上调酒店的价格。还可以推出连续入住的大幅度优惠策略，以此来吸引游客，提高酒店的销售利润。

（五）以顾客的需求来调整促销模式

在酒店进行营销的过程中，还需要秉承因地制宜的原则，创新酒店的营销方式。在酒店开展营销工作的时候，为了能够进一步获得顾客的认可，需要树立良好的星级酒店品牌，并且在开展营销工作的过程中充分发挥出品牌的效应。酒店需要向大众传播星级酒店的酒店文化，让顾客能够在接受宣传的过程中提高对酒店的满意度，以此来提高酒店客房销量。酒店在设计套房内容的时候也可以从顾客的需求角度出发，如可以把套房打造成主题式的房间，吸引新顾客入住。为了能够提高酒店的营销效率和营销效果，还可以采用“家庭套餐”等形式来开展营销工作。同时可以利用互联网结合客户的需求来进行营销，根据顾客的反馈来调整套房的内容。酒店还需要更进一步地提升自身的服务水平，以此来吸引更多的顾客，提高酒店营销效果。

第七章　数字战略视角下酒店综合管理能力提升的优化策略

第一节　酒店内控措施强化与财务管理提升策略

一、酒店内控措施强化策略

（一）加强内控环境的管理

内控环境是指在内部控制相关措施实行过程中对其产生影响的各种环境因素，主要是指管理人员和普通员工对待内控制度和措施的态度、行为，这直接关系到内控制度能否得到高效、高质量的落实。企业经营离不开各部门通力合作，只有建设良好的内控环境，使营销、采购、财务、人事等各个部门都密切配合相关工作，才能确保内部控制的良好实施。酒店企业应加强企业文化建设，增强企业内部员工的凝聚力，使其对企业精神、价值观产生正确的认识，并形成与企业相一致的价值观和道德行为规范，从而增加员工对内控制度和措施的认同感，主动维护内控制度，以提高内控管理质量。企业文化的建设对于增强团队精神、增加企业内部凝聚力具有重要意义，良好的企业文化还应强调管理层和普通员工之间的交流与沟通，增加感情连接，消除陌生感和隔膜，使内控管理工作能够自上而下顺利地开展，构建出和谐积极的内控环境。

（二）完善内控管理体系

内控制度的建立是围绕会计监督与核算开展的，科学完善的内控制度，能够及时发现会计工作中存在的问题和错误，有效预防会计错误和财务舞弊情况的发生。因此在设计内控制度时，必须明确控制目标，从而使内控管理工作有条不紊地开展。

酒店的日常经营活动涉及许多环节，其中以采购管理、收入管理、服务管理三个方面最容易产生风险。酒店企业应当围绕这三个风险点，建立更加完善的内部控制体系，依据酒店经营的特点制订内控措施。

采购是酒店日常工作中极为重要的一环，也是成本控制的关键。酒店需完善对采购工作的内控管理，不仅要重视对采购物资、资金、价格方面的监督和控制，更要重视对采购过程的控制，例如询价过程、供货商选择等方面，确保采购工作能够做到货比三家，在保障质量的同时控制成本。内控管理人员需要及时与采购部门、耗料部门进行沟通核实，并关注市场价格变动，从而避免采购人员中饱私囊、虚报价格、徇私舞弊之类的情况出现。

在收入管理和服务管理方面，酒店企业的内部控制工作难度更高。酒店业务收入主要来源于客房、酒水、食品等，具有灵活性和多样性。因此酒店应注重内控制度的灵活性，在服务环节给予员工一些权力，使其能够及时调动部分资源以应对突发情况，只要做好事后备案即可，将内控的重点偏向于后续的审查核实工作，达到良好的监督控制效果。财务部门需及时对客房记录、厨房订单等各类单据凭证进行审核，检查核实各个项目的资金收入是否有误，若存在数据偏差或项目不一致的，则及时进行沟通核实，以防出现贪腐现象。

（三）落实内控制度

酒店企业想要获得良好的内控管理效果，首先需要确保各项内控管理制度与措施能够科学有效地落实，只有获得切实的执行效果，才能对企业发展产生助益。建立相对完善的内控制度后，酒店企业还需保障各项内控措施能够得到严格执行。为了充分落实相关制度，首先应构建良好的内控环境，让各级员工都能对内控制度产生较高认同感，做到各部门通力合作，积极配合。其次要建立完善的考核制度，全面了解和掌握各部门的内控管理质量，企业内部应设立专门负责监督与评估的审计机构，完善内控工作的自我评估系统，确保各项工作有章可循，以便及时发现隐患，采取改善措施。

为了提高员工自觉性，酒店企业还应建立合理的奖罚制度，从而激励各部门管理者和员工都能认真贯彻落实内控制度，在实际工作中遵守内控制度相关要求，避免内控工作浮于形式。对于工作失误或违章的员工需及时进行追责，将责任落实到个人，从而达到良好的内部监督作用。同时，酒店企业也需重视内部沟通平台的建立和完善，充分利用现代发达的信息技术，在各个部门之间建立良好的沟通桥梁，提高信息传递的及时性、准确性，便于各项内控管理工作的开展。酒店内部各部门之间保持信息沟通顺畅，也有利于彼此之间互相监督、互相制约，以维持内控体系的正常运转。

内控制度的执行需要接受酒店内部各部门和外部社会、政府相关部门的共同监督。为了保障酒店运营的合法合规，提高内部管理质量，完善监督与评估体系十分重要。除内部监督与评估外，政府对酒店企业内控管理工作的监督作用也不可忽视。企业需严格依据相关法律法规优化内控管理系统，接受政府、社会的监督，确保内控管理工作合法合规。而政府应充分发挥其监督控制作用，对于内控管理质量较差、违法违规的企业进行处罚，履行监督职能。

（四）提高人员素质

酒店企业内控措施的实施需要以人为载体，高素质的团队对于促进内控管理质量的提升具有重要意义。为了增加经营效益，为客户提供更加优质的服务，酒店必须加强人才团队建设，积极聘用引进高素质人才。但内控管理涉及企业的资金流动，在招聘过程中不仅要重视对人才专业水平的审核，更应对其人品、道德进行评估，选择符合企业价值观的高素质人才。除招聘人才外，酒店也需对现有团队加强训练和培养，提升其专业能力和整体素质。同时应完善对内控管理人员的绩效考核体系和奖惩制度，定期进行业绩、工作质量、道德品质等方面的考核，并采取合理的职位升降机制，从而增强人员的竞争意识。为了确保会计核算和内控制度的正规、正确，可对相关会计人员采取轮岗制度，定期进行岗位轮换，能够有效减少舞弊之类的情况出现，若工作中存在什么问题，也能在人员轮岗时及时发现，及时进行解决，有利于降低财务风险和企业损失。

二、酒店财务管理提升策略

（一）提高对财务成本的重视程度

酒店要把成本控制纳入企业文化中，用企业文化来感染和约束酒店员工，使他们在不知不觉中建立起成本控制观念。对此，酒店管理人员要起到表率作用，以实际行动激励员工，并将成本控制的概念贯穿到酒店的日常工作中。在成本控制视角下，现代酒店应对自身的成本结构进行深入分析，了解各项成本来源，明确成本项目，对不必要的成本进行削减，通过对成本结构的优化来提高利润率。同时，酒店要鼓励财务管理人员借助现代技术工具，如财务管理软件等，实现财务管理自动化，提高管理效率和准确度，及时掌握成本动向。酒店应建立完善的成本控制系统，包括对预算规划、执行、监控、调整等全流程的控制和监督，帮助酒店实现科学的成本决策管理和动态成本控制，掌握更多成本数据，实现成本的全面分析和预算规划。

（二）完善酒店财务管理制度

在现代酒店持续发展的大环境下，酒店管理层必须对财务管理进行高度关注，全面提升财务管理在酒店整体管理系统中的重要性。在对财务管理系统进行改进时，要进一步确定财务管理工作的相关内容、基本原则及未来需要达到的目标，并确定与财务管理相关的权责关系，使酒店的财务管理系统更为健全。酒店领导层要高度重视对财务管理系统的建设，进一步明确责权范围，为财务管理体系的建立提供有效指导。同时，在财务管理制度基础上确定成本控制指标，通过对成本指标的跟踪、分析和预测，发现问题并及时调整相关策略。酒店应在财务管理中融入预算管理制度、奖惩机制等，通过预算编制、执行、监控等环节合理分配资源，控制成本和费用，并结合酒店经营变化及时修订预算。要建立完善科学的奖惩机制。奖惩机制能够提高财务管理人员的专业技能和职业素质，激发他们的工作积极性和创造性。财务管理制度的完善是实现成本控制的基础，在对基本系统进行健全的同时，酒店应该根据自身的实际情况、市场环境和消费需求，制定出适合的财务管理制度，从而为后续工作的开展打下坚实基础。

（三）强化酒店成本的预算管理

酒店企业要想做好成本控制工作，就要做好酒店的预算工作，强化酒店成本的预算管理。现代酒店应具有先进的经营和管理观念，并根据自身发展方向，对酒店的会计管理进行改进，强化对采购工作的控制和监管。首先，酒店要做好成本预算。成本的预算与管理是酒店经营活动的中心，也是减少酒店采办成本、提高酒店经营效率的重要手段。在进行成本控制工作前，酒店管理人员应建立健全采办体系，把成本控制工作做好。其次，酒店要对现金流进行严格控制。酒店的资本和成本之间存在着密切联系，要强化对成本的管理，就要按照成本预算，对资金进行合理配置。酒店的财务部门应对每一笔资金流动进行控制，并做好分配工作。最后，财务部应对采购的真实数额及资金的运用进行经常性的核查和检查，从根本上避免资金虚报、采购缩水等现象的发生。

（四）建立并完善预警机制

当前，酒店行业的发展不断受到外部环境的冲击，为适应外部环境的发展变化，酒店的运营管理也应做出相应调整，要在酒店内部构建健全的风险预警制度，提高其风险防范能力。建立完善的预警机制是现代酒店进行财务管理和成本控制的重要措施之一，现代酒店的内部情况相对复杂，且具有环环相扣的特征，如果某一方面的成本太高，就会影响到整个酒店的预算管理。因此，必须强化对酒店的内部控制，建立并完善酒店预警机制，提高酒店的整体水平。酒店应明确预警指标，采用相关财务管理软件来帮助酒店实现财务管理自动化，提高数据分析能力，当指标达到或高于特定的阈值时，就会提醒财务管理人员及时发现问题并解决问题。

第二节　酒店管理融合创新与大数据运用策略

一、酒店管理融合创新策略

（一）酒店文化融合创新

1. 酒店品牌文化的融合创新

酒店品牌文化对酒店管理而言至关重要，其关系到酒店的实际运营状况，同时是酒店能否取得良好口碑的核心所在。从现状来看，部分酒店在实际管理中只进行了基本的酒店品牌文化建设，仍停留在浅层次酒店品牌文化建设层面，亟须融合创新。酒店品牌文化的创新不仅能反映新时代发展趋势，还能充分彰显新时代精神。

酒店品牌文化的实质就是对理念文化和行为文化进行适时更新，从而充实酒店品牌文化的内涵，将各项文化内容相结合。例如，定期组织工作人员展开酒店文化创新知识培训，转变酒店管理人员的思想观念，充分展现酒店自身的文化气息。在酒店管理中，要真正落实好人才文化的融合创新，可以定期为客户举办关于酒店文化品位的各项展示活动，借助创新发展的管理理念，创造出理想的品牌文化。由此可见，酒店在管理的过程中，要充分重视酒店品牌文化建设，加强人才培养，重视人才文化和观念文化的融合创新，通过丰富的文化底蕴，积极健全酒店企业的各项产业链，最终形成系统性、科学性的酒店管理模式。

2. 酒店管理文化的融合创新

酒店在进行融合创新管理时，也需要注重企业文化。当前市场上具有浓厚文化氛围的酒店还比较少，但是酒店文化可以帮助企业树立较好的形象。因此酒店在创新管理的过程中加强文化建设是非常必要的。在文化融合的过程中，酒店管理人员起着重要作用，管理人员一定要及时对自身的管理理念和管理方式进行创新，只有这样才能将酒店独有的文化气息展现出来。酒店在创新管理文化时，不能一味地借鉴他人的经验，要想取得较好的效果，就一定要结合自身的实际情况。

（二）酒店管理制度融合创新

1. 酒店管理体系的融合创新

酒店在日常运营过程中，一定要秉承着以人为本的管理理念，适时地注重人性化管理方式的实用性，针对目前的管理体系，采取积极措施予以健全和完善。同时，酒店可借鉴国内外一些比较先进的管理理念，结合自身实际情况，制定科学、合理的酒店管理体系。

以人为本就是以实现人的全面发展作为企业管理的重要目标，以高素质员工为中心，将员工自我价值的实现和酒店发展目标充分融合在一起，制定出完善、全面的内部管理体系，严格执行各项管理制度，充分尊重每一位员工，使员工能够自觉地遵守并执行各项管理规定。在充分尊重员工自主意识的基础上，更好地调动他们的主动性和积极性，使其积极投身酒店的各项工作。这种管理体系的融合创新，能够调动员工的工作积极性，从而对酒店管理工作的创新发展起到十分积极的作用。

此外，酒店还建设规范化、科学化的管理模式，使组织内部的每一个员工都能够拥有晋升加薪的机会，使员工清晰地了解酒店的各项规章制度，做好自身的未来职业生涯规划，并且为之不断努力奋斗。在酒店实际运营和管理工作中，管理人员不仅要培养酒店员工的敬业精神和职业认同感，在人才制度培养和晋升制度中，还要考量岗位职责，避免员工流动性过大。

2. 酒店人事管理的融合创新

在创新酒店管理体系时，还要创新人事管理制度，从而形成独具特色的酒店管理形式。为了激发员工的工作积极性，酒店管理人员要改变以往的管理方法，采用激励模式，提高员工的工作效率，同时提升企业形象。管理人员创新人事管理方式有以下方法。

一是员工的晋升制度要有一定的创新。完善的晋升制度可以提高员工的工作积极性。酒店要出台晋升的明文规定，并且在进行人事调动的时候也要严格按照规定执行。透明的晋升制度，使员工对自己的未来有着明确的规划，在日后工作中也会根据自己的目标努力奋斗。人事调动不宜过于频繁，每一次员工晋升都要严格审核，判断其是否符合晋升标准。酒店制定严格的晋升制度是十分有必要的，这种晋升制度可以使每一位员工都发挥出自己特有的优势，为酒店创造更大的效益。

二是重视对人才的培训。酒店要想在未来有更好的发展，必须具有优秀的人才。虽说酒店可以通过招聘的形式获得人才，但是市场环境是不断变化的，因此酒店应为员工安排定期培训，从而提升员工的专业能力。

（三）酒店服务管理融合创新

管理模式对于酒店的发展来说十分重要。因此在对酒店进行管理的过程中，需要建立全方位的管理模式。

在建立管理模式时，首先要确定基础制度。酒店管理人员要明白服务客户是制度建立的目的，员工的一切努力都在于提高客户满意度。在全面管理模式的理念之下，需要将酒店看作一个整体，加强部门之间的紧密联系，只有每一个部门在工作中都密切配合，才能给客户提供优质的服务。如广州花园酒店在进行管理的过程中，基本上每个部门职位都有正副级之分，而在中高级管理层中，酒店的绝对管理权在总经理手中，并将其他管理部门分为三级。这三级部门中，每一个部门所担任的职责都是不同的，彼此之间相互合作相互监督。花园酒店所采用的管理模式不仅使各个部门的职责十分清晰，同时在工作效率的提升上也有着重要的帮助。

（四）酒店各项硬件设施融合创新

酒店在管理的过程中，要想满足每一个客户的实际需求，需要不断地完善和更新酒店的各项硬件设施，积极地引进一些比较先进的硬件设施，提供更优质的服务，使酒店的管理跟上时代发展的步伐。此外，要坚持以融合创新作为根本。酒店内部的硬件设施是否完善来源于客户在体验完酒店服务之后所做出的真实评价，因此，酒店应不断完善内部的硬件设施，积极采纳客户提出的意见，使酒店赢得良好的口碑，从而吸引更多的客户前来酒店入住。

二、酒店大数据运用策略

（一）更新酒店管理理念

在酒店管理过程中，要不断加强智能化设备的应用，为酒店的管理提供全新的理念。在数字战略视角下，可以从设计、管理和交互等方面完善酒店的建设。

第一，设计变革。通过大数据技术深入分析客户的喜好和需求，为用户提供个性化的优质服务，以满足不同客户的个性化需求。

第二，管理变革。以现代化科学技术作为重要支撑，酒店管理建设需要具备人力资源管理、资产管理、客房资源管理等功能，并且对资源进行科学的调控与优化，以提升酒店的管理成效和智慧化水平。此外，酒店还需要具有智能电梯、智能停车场、智能餐厅等服务设施，从而推动酒店的智能化发展，提升酒店的经济效益。

第三，交互变革。目前，交互方式主要为酒店和客户间的交互，方式过于单一化，在酒店管理建设中，交互方式要向着多元化的方向发展，完成酒店、供应商、客户、第三方服务方的多点交互，不断扩展服务功能，从而满足不同客户的服务需求。另外，旅游管理部门还需要加强对酒店管理建设的重视程度，加大资金投入力度，从而产生酒店、智慧旅游、智慧城市协同发展的新局面。

（二）加强对数据人才的培养

在数字战略视角下，酒店管理也要结合先进的大数据技术进行创新。科学合理地应用大数据的优势，就能在一定程度上促进酒店的发展。基于此，酒店的管理者要对大数据的实际用途与价值进行全面的分析，有效了解并掌握大数据的现实意义，对如何引入大数据才能为酒店的发展带来实际的商业价值进行全面的探索，确保大数据应用的合理性，充分发挥出大数据的优势，结合酒店自身的实际情况科学合理地将大数据融入酒店管理当中。有了大数据的支持，不仅可以在一定程度上完善酒店管理模式，同时也可以解决酒店在运营过程中出现的其他问题，进一步完善酒店的管理。因此，在数字战略视角下，酒店在管理过程中应该重点关注对专业数据人才的培养。专业数据人才与传统酒店管理人才存在一定的差异性。专业的数据人才不仅需要掌握酒店管理的基本原则与营销策略，同时还要懂得数据分析与数据管理等方面的专业技能。专业数据人才能够在数字经济时代背景下对酒店经营的数据信息进行全面的分析与整合，帮助酒店管理者做出更加科学有效的判断，在一定程度上对创新酒店经营管理起到积极作用，促使酒店管理者设计出更加符合现代人喜好与需求的营销方案。

（三）加强数据的规范化建设

在酒店管理过程中，人们把主要工作放在了应用平台的开发与建设中，忽略了数据规范化建设这一基础性工作。现阶段，数据的标准化建设是需要解决的重要问题之一。

政府或者相关行业组织要对现有的数据标准提供规范化管理，防止软件开发商滥用数据设计系统平台，弱化了数据的应用价值。酒店行业可以参考财务行业的做法，建立行业财务数据标准规范，保障系统间的财务数据可以实现兼容，从而完成财务信息化。酒店行业要制定一套通用、可行的数据标准，统一数据样式，拓展数据的来源方式，使酒店之间的数据信息能够进行兼容共享，从而提高数据的利用效率。

（四）对客户进行明确的定位

在目前的酒店管理过程中，大部分酒店的经营模式大同小异。实际上，不同的顾客在选择酒店的时候有不同的需求，并不是所有顾客都冲着价格或者是风格来选择酒店的。因此，酒店的管理者要结合顾客的不同需求，将这些顾客按照不同需求类型进行有效分类，以便更有效地打造酒店的品牌，提供相应的产品服务，明确自身的客户定位，以此最大限度地满足客户的消费需求。基于此，酒店的管理者在制订营销方案的时候要结合不同顾客的实际需求，将酒店打造成一个顾客想要进行酒店消费时第一时间就能够想到的酒店类型，并在此基础上通过对客户的明确定位使其可以长期在本酒店消费。在此过程中，酒店专业数据人才通过对大数据的应用，帮助酒店管理者在经营过程中对顾客进行全面的分析，根据数据分析查看顾客的购买指数，并制订出科学详细的数据管理体系，以便在酒店后续的发展过程中对客户进行更加科学精准的定位。同时酒店管理者还能够通过数据分析，全方面掌握顾客的消费需求，以此为顾客提供更加全面的个性化的服务。

参考文献

[1] 白永秀，李嘉雯，王泽润．数据要素：特征、作用机理与高质量发展［J］．电子政务，2022，234（06）：23—36.

[2] 陈晓红，李杨扬，宋丽洁，汪阳洁．数字经济理论体系与研究展望［J］．管理世界，2022，38（02）：208—224.

[3] 丁方利．浅谈基于共享经济背景下酒店管理发展战略和模式［J］．环渤海经济瞭望，2022（06）：90—92.

[4] David S. Evans. Metcalfe's Law and the Economics Networks［J］. Communications of the ACM，1994，30（9）：101—108.

[5] 富新梅．美国数字经济领域反垄断的转向及其启示［J］．价格理论与实践，2022（09）：42—47.

[6] 方晓鸣．激励机制在酒店人力资源管理中的运用探究［J］．财讯，2023（09）：57—59.

[7] 樊正午．酒店顾客无接触服务使用动机对价值共创行为的影响研究［D］．三亚：海南热带海洋学院，2023.

[8] 韩忠春，徐岸峰．电子商务在现代旅游企业营销中的应用［J］．商场现代化，2010（28）：45—46.

[9] 胡宝珠．低碳旅游背景下酒店管理的问题及策略分析［J］．旅游纵览，2023（11）：93—95.

[10] 姜艳丽．数字经济时代酒店行业业财融合问题及对策研究［J］．中小企业管理与科技，2023（14）：191—193.

[11] 姜海．大数据技术在酒店管理中的应用探索［J］．商场现代化，2022（17）：100—102.

[12] 金卫东．智慧旅游与旅游公共服务体系建设［J］．旅游学刊，2012，27（02）:5—6.

[13] Kuan Hon and Andrew Charlesworth. Data Ownership：A Legal and Technical Perspective［R］. 2018.

[14] 康瑾，陈凯华．数字创新发展经济体系：框架、演化与增值效应［J］．科研管理，

2021，42（04）：1—32.
[15] 卢晓珊．低碳旅游视角下酒店管理模式探讨［J］．旅游与摄影，2022（21):61—63.
[16] 李一良．酒店人力资源管理存在的问题及对策［J］．中国集体经济，2022（23）：124—126.
[17] 邵慰，杨珂．消费者隐私数据保护与监管：标准与依据的经济分析［J］．贵州商学院学报，2021，34（04）：57—64.
[18] 孙毅．数字经济学［M］．北京：机械工业出版社，2022.
[19] 孙世超，赵伟．数据权属的认定及体系构建［J］．天津法学，2022（04):92—102.
[20] 田杰棠，张春花．数字经济与实体经济融合的内涵、机理与推进策略［J］．技术经济，2023，42（01）：25—33.
[21] 汪林茜．数字经济时代平台力量的反垄断法规制研究［J］．产业创新研究，2023（06）：124—126.
[22] 徐岸峰．基于互联网的旅游发展研究——以携程网为例［J］．中国商贸，2009（19）：140—141.
[23] 徐岸峰，任香惠，王宏起．数字经济背景下智慧旅游信息服务模式创新机制研究［J］．西南民族大学学报（人文社会科学版），2021，42（11）：31—43.
[24] 徐岸峰，王宏起、赵天一．共享平台视角下全域旅游演进机理和服务模式研究［J］．中国地质大学学报（社会科学版）．2020，20（04）：144—155.
[25] 徐岸峰，王宏起．数字平台生态系统视角下智慧旅游服务创新模式研究［M］．哈尔滨：哈尔滨工业大学出版社，2021.
[26] 徐岸峰．大数据与英语教学与学习行为研究［J］．教育发展研究，2017（S1）：60—61.
[27] 徐岸峰，王宏起，赵天一．共享平台视角下全域旅游演进机理和服务模式研究［J］．中国地质大学学报（社会科学版），2020，20（04）：141—155.
[28] 徐岸峰．基于互联网的旅游发展研究——以携程网为例［J］．中国商贸，2009（19）：140—141.
[29] 徐岸峰．旅游产业科技创新及科技管理策略研究［J］．科技管理研究，2010，30（20）：33—35.
[30] 徐岸峰，陈宇，李玥．基于演化博弈的大数据产业联盟成员失败知识共享机制研究［J］．工程管理科技前沿，2022，41（02）：77—83.
[31] 杨青峰，李晓华．数字经济的技术经济范式结构、制约因素及发展策略［J］．湖北大学学报（哲学社会科学版），2021，48（01）：126—136.

［32］张文魁．数字经济的内生特征与产业组织［J］．管理世界，2022，38（07）:79—90.

［33］张鸿，刘中，王舒萱．数字经济视角下我国经济高质量发展路径探析［J］．商业经济研究，2019，23：183—186.

［34］张红梅，梁昌勇，徐健．“旅游＋互联网”背景下的智慧旅游云服务体系创新［J］．旅游学刊，2016，31（06）：12—15.

［35］张燕洁．商务酒店营销策略研究［D］．青岛：青岛大学，2022.